华夏文库·儒学书系

明代遗民

顾炎武 王夫之 黄宗羲

孙庆 著

·郑州·
大地传媒　中州古籍出版社

《华夏文库》发凡

毫无疑问，每一个时代都有属于自己时代的精神追求、文化叩问与出版理想。我们不禁要问，在 21 世纪初叶，在全球文明交融的今天，在信息文明的发轫初期，作为一个中国出版人，我们正在或者将要追求什么？我们能够成就或奉献什么？我们以何种方式参与全球化时代的文化传播进程？在一连串的追问下，于是，有了这套《华夏文库》的出版。

自信才能交融。世界各大文明在坚守自身文化个性的同时，不约而同地加快了探视其他文明精神内涵的步伐，世界不同文明正在朝着了解、交流、碰撞、借鉴与融合的方向前进。在此背景下，建立自身的文化自信，正是与世界各文明民族进行文化交流的基本要求。五千年中华文明与文化正在不断地被其他文明所发现、所挖掘、所认知，汉语言正在生长为世界语言，儒文化正在世界各地生根发芽。

借助这样一种正在成长着的文化自信、自觉、开放、亲和之力，用我们这个时代的学术眼光全面系统梳理中华五千年的文明与文化，向其他各大文明与文化圈正面展示自我，让中华优秀文化成为世界文化的重要组成部分，正是我们出版这套文库的目的之一。此其一。

知己才能知彼。身处五千年文化浸润的今天，重新思考我们先人的人生思考、价值思考与哲学思考，找到一个民族、一个国家的价值所在、立命所在、安身所在，这已经是我们这个时代的学人与出版人不得不再思考的问题。作为中华文明的一分子，我们在思考的同时，还必须了解我们的先人创造了如何优秀的精神文明与物质文明以及社会文明。只有熟知自己的文化，热爱自己的文化，悟明自己的文化，我们才能宣说自己、弘扬自己、光大自己。因此，我们策划组织这套《华夏文库》的初衷，还在于让当下的知识青年全面系统瞭望中华文明与文化的全景，并借此能够对更为深广的世界各民族文化提供一个比较认知的基础。此其二。

顺势才能有为。我们正处在农耕文明、工业文明、信息文明的交汇处，信息文明带领我们从读纸时代进入读屏时代，以智能手机屏幕为代表的书籍呈现方式正在与纸质书籍争夺阅读时间与空间。我们正在领悟数字技术，正在以信息文明的视角，去整理、分析和研究农耕文明与工业文明的文化遗产，不仅仅是为了唤醒优秀的传统文化，我们还在生发和原创着当今时代的文化。由此，我们试图架起一座桥梁——由纸质呈现而数字呈现，由数字呈现而纸质呈现，以多媒介的书籍呈现方式，将文字、图像、声音与视频四者结合，共同筑成《华夏文库》以奉献给信息文明时代的新读者。此其三。

总之，这是一套——专家大家名家写小书；以最小的阅读单元，原创撰写中华精神文化、物质文化与社会文明系列主题与专题；以图文、声视频多媒介呈现的方式，全面介绍与传播中华文明与优秀文化，系统普及与推介中华文明与文化知识；主旨是为了让世界与中国共同了解中国的——大型丛书，借此，复兴文化，唤起精神，融入世界。

耿相新
2013 年 6 月 27 日

目 录

一 时代风云

1 晚明江南经济的发展 …………………………………… 2

2 江南市民社会的形成 …………………………………… 7

3 从政治危机到民族危机 ………………………………… 10

4 明清之际学风的变化 …………………………………… 13

二 鸿儒生平

1 顾炎武：一生长飘落 …………………………………… 16

2 王夫之：出入于险阻 …………………………………… 23

3 黄宗羲：党人、游侠、儒林 …………………………… 28

三 学术造诣

1 顾炎武的学术成就 ……………………………………… 36

	2	王夫之的学术成就 ·························	57
	3	黄宗羲的学术成就 ·························	78

四　传承与交游

	1	家学和师承 ·······························	100
	2	同辈交游 ·································	105
	3	弟子传承 ·································	110

五　评价与地位

	1	时人评价 ·································	115
	2	后世评价 ·································	117
	3	历史地位 ·································	122

小知识目录

南明 12

博学鸿词科 22

"正史"与"野史" 41

孟子的君臣观 52

王守仁的"知行合一" 63

天人合一 73

明末清初的西学东渐 83

封建 94

浙东学派 109

文庙配享 124

一 时代风云

顾炎武（1613～1682）、王夫之（1619～1692）、黄宗羲（1610～1695）三位大儒生活的17世纪，从古代中国的王朝更替上说，正是明末清初。这一时期，整个社会经历了朱明王朝的倾覆、清王朝的建立和随之而来的社会的大动荡。这一时期还是中国社会经济史和文化史上一个特殊的转折时期，尤其是顾炎武和黄宗羲长期生活的江南地区更是当时全国经济最为发达的地区，也是当时中国的文化和思想中心。三位大儒的思想观念和学术取向，和当时的社会变动、社会矛盾、学术风气都是分不开的。

1. 晚明江南经济的发展

明代社会经济的大发展是从明代中叶开始的，此时明代处在正德、嘉靖年间，距朱元璋在 1368 年建立明帝国已近 200 年。在正德以前，传统的中国社会的自然经济结构基本没有太大的变化。

而 15~17 世纪的地理大发现后的全球经济带动了晚明的进出口贸易，源源不断流入中国的白银，则为晚明社会的银本位货币体制奠定了坚实的基础。到了晚明时期，葡萄牙人以澳门为中心把生丝、丝绸、棉布、瓷器等中国商品运往各国，西班牙人则把中国商品销到美洲，后起的英国东印度公司，更是把中国商品卷入规模更大的全球化贸易之中。原先主要面向国内市场的商品生产，需要同时兼顾国内和国外两个市场。同时，由于外销利润可观，大大刺激了各种经济作物产量的激增，使商品经济的发展达到了前所未有的高峰。这些都使明代中期以后的中国社会，尤其是江南地区，经历了一个迅速商业化的过程。当时整个江南地区，有着全国最发达的农业、手工业、商业及频繁的内外贸易。

农业

晚明农业的发展除了耕地面积的扩大、农业技术的改进外，最主要的特点就是经济作物的大量种植，为总体经济实力的提高做出了很大的贡献。在晚明，棉花是种植地域最广的经济作物，松江府是著名的棉纺织中心，境内各地所产的棉布品种丰富、质地精良，并向全国市场销售。棉花种植面积甚至超过了传统的稻米种植面积。大面积的棉花种植以及对棉花的深加工，为农家带来了巨大的经济效益，成为农家的主要经济来源。

另外一项重要的经济作物是桑树。在明代，尽管棉花已经取代丝、麻成为普通百姓制衣的原料，但丝织品作为高档的消费品仍然深受上层社会的喜爱。此外，由于明代中后期在海外贸易中出口的生丝和丝织品的数量不断增加，对丝的需求量大大增加，蚕丝贸易在各市镇频繁进行，蚕桑业仍有广阔的发展前景。江南丝绸业市镇从明中叶以来，逐渐把养蚕缫丝以及丝织业作为主业，作为家庭经济收入的主要来源。尤其是杭嘉湖地区宜于种桑养蚕，获利远比种稻丰厚。据当时人估算，米贱丝贵时栽桑养蚕的收入可达种粮收入的四五倍到十几倍，就平常年景而论，前者的经济效益比后者也要高出 2~3 倍。在这种情况下，农家普遍认为多种稻不如多栽桑，以至桑蚕区的桑树种植面积远远超过稻米种植面积。

手工业

由于农业的发展,社会不再需要所有的劳动人口均束缚在土地之上。因此,从事非农业生产的人口比重大大增加,手工业也随之蓬勃发展。明代手工业最大的特点就是民营手工业蓬勃发展,在明代中期,民营手工业甚至超过官营手工业,成为明代手工业最重要的组成部分。这其中又以丝织业和制瓷业表现得最为明显。

明代后期,丝绸的种类有缎、锦、纱、绸等十多种。据估算,晚明江南民间丝织业最兴盛的时候,南京、苏州、杭州三大丝织城市的

江苏吴江震泽镇

震泽镇因近太湖,以太湖别名震泽为名。震泽在南宋初设镇,明、清置震泽巡检司,并逐渐形成繁华的商业市镇。晚明的震泽镇主营丝业,而盛泽镇则主营绸业,其原料来源就是当地农民在当时广泛种植的蚕桑。原本的家庭手工业便渐渐地被纳入了商品经济的轨道

织机数量在五万张以上,这些地区集中了数量很大的丝织工人,这些城市也成为当时繁华的商业中心。明人王士性论天下货物所聚,就首列苏杭。此外,明代的丝织业还由城市向农村扩散,形成了一批新的丝织市镇,著名的有苏州府吴江县震泽镇、嘉兴府崇德县石门镇、杭州府海宁县长安镇等。据估算,晚明的一些丝织城镇和乡村的织机数量有两万张左右。这一切把丝织业推向了一个新的阶段。

明代景德镇仍然是全国制瓷业的中心,到了明代后期,民窑取代官窑占据了主导地位,这时民窑出产的产品不但技术水平已很高,所制青花等品类的瓷器更成为当时瓷器生产的代表而蜚声海外。

商业

明中后期,商业规模的扩大,除了上文提到的追求利润的大规模的商品生产开始出现、工商业专业市镇大量形成、全国范围的商帮在明代开始兴起以外,工商皆本的思想在当时也已十分盛行。

明代中后期,道路交通的更加便利,中小城镇的大批兴起,人们的消费水平提高,这些都促使了行商向定居商人的发展。如徽州商人真正形成一个人众资巨、颇有特色的地方商业集团——徽商,是在明代。到了晚明,除在扬州、杭州行盐并常住的人群之外,还有数以千计的徽州商人居住在南京、景德镇等商业城市。除了徽商,晚明时期还形成了晋商、江右商、吴越商、闽商、关陕商等大的商帮。

此外,传统的四民观也发生了部分改变。"重农抑商"的旧四民观,是传统自然经济的产物,士、农、工、商的排序反映了封建社会中四民的地位和影响。但到了明朝中后期,人们的认识有了很大转变。王阳明就认为士农工商只是所业不同,其中的原则和其作用却是一样的。

同时，随着商人们经济实力的加强，对社会贡献的扩大，以及由此而引起的社会影响的提高，商的地位开始不次于士。这种情况也使得更多的人投入商业经营的大潮中。

2. 江南市民社会的形成

明代中后期，在江南、东南沿海一带，随着商品生产的发展，城市的繁荣，市民阶层的扩大，市民群众成为活跃的新生力量。顾炎武、黄宗羲生活的江南地区，是晚明中国市民社会萌芽最为显著的地方，当时这里是全国在野的政治力量集中的中心，还是知识分子党社运动的中心地区。市民运动与党社运动相结合，对上试图限制专制权力的运动，进而对帝王权力进行制约；对下则维护市民阶层的利益。

明代政府通过对工商业者采取强行登录册籍的方式对城市工商业进行管理，以便于政府控制财富、征调货物等。随着商品经济的发展，市民阶层与专制制度的矛盾越来越激烈。尤其是到了万历年间，明神宗朱翊钧为了敛聚财富，大肆派遣宦官充当矿监税使，赴各地掠夺民财，当时矿监税使每年向宫廷内库进奉的白银约为171万两，使得当时的工商业者几乎遭灭顶之灾。为了反抗明王朝的压迫和掠夺，万历二十四年（1596）之后，江南地区多个大中城市先后爆发市民暴动，他们抗税、罢市、杀矿监税使。在这些斗争中，苏州市民最能表现市民群体自我意识的觉醒。万历二十九年（1601），苏州织工爆发了史称"织佣之变"的大规模反矿监税使暴动,织造太监孙隆把税加到织户头上,佣工徐元、顾元等集众二千余人抗议,殴杀税官。明神宗迫于严峻形势,以"抚"为基调,温柔结案。

除了江南的市民具有维护自身权利的反抗精神,其他各社会阶层对本地区域利益的认同意识也呈现不断增强的趋势,人们通过各种形式为维护地方利益及其生活方式作出不懈的努力。尤其是江南地区亦儒亦商、儒商合流的现象十分普遍,就江南的名儒高士、达官显宦而言,多与工商业颇有关系。无论是为自身利益计,还是从维护地方经济的繁荣考虑,江南的文人士大夫往往对工商业的发展予以高度关注,

江苏无锡东林书院

东林书院故址在今江苏省无锡市。其为宋代杨时讲学处,名龟山书院。明万历年间,顾宪成及其弟允成重建,并与高攀龙等先后讲学于此,讽议朝政、裁量人物、抨击阉党、主持清议,被魏忠贤阉党所忌恨,斥为"东林党"。天启年间,魏忠贤专政,尽毁天下书院,东林书院居其首。崇祯初修复。清末改为东林学堂

经常充当工商市民的代言人，提出诸多优恤工商的主张。于是便出现了市民运动与知识分子党社运动相结合的局面。

万历三十二年（1604），顾宪成、高攀龙修东林书院于无锡城东南隅，在此以讲学为名，讽议朝政，反对矿监、税监的掠夺，主张开放言路，实行改良，得到部分士大夫的支持。市民阶也把东林党人作为自己的政治代言人，依附东林党人进行斗争。黄宗羲的父亲黄尊素，就是东林党的著名人物。天启年间，魏忠贤当政，对东林党人进行镇压，在逮捕东林党人的过程中，激起了江南知识分子和市民阶层的反抗。张溥的《五人墓碑记》就记载了当时东林党人周顺昌在苏州被捕时激起民变，打死捕人差役，巡抚毛一鹭为此捕杀市民领袖五人的过程。崇祯皇帝即位后，进行拨乱反正，江南知识分子的党社运动再次兴起，最著名的当数复社。此后，清兵南下，在江南等地领导武装抗清的，也多半是党社中的士人。

3. 从政治危机到民族危机

明王朝的社会矛盾到嘉靖年间就已经表现得十分尖锐。万历初年，张居正整饬吏治，加强边备，改革漕运，丈量土地，在全国范围内推行一条鞭法，使明王朝的财政状况有所改善。但神宗在张居正死后，追夺其官爵，籍没其家产。神宗从此宴居深宫，纵情声色，不视朝政，纲纪废弛，政局大坏。为了搜刮敛财，明神宗又派遣大批宦官到各地任矿监税使在地方掠夺，激起多次反抗斗争。明朝统治阶级内部的纷争，至神宗晚年趋于激化，党争蔓延不息。此时，女真族已崛起于东北，并建立后金政权，在萨尔浒大败明军，明清易代的民族危机在明王朝的政治危机中开始显露。

明熹宗即位后，朝政为客氏及魏忠贤把持。魏忠贤随意任免督抚大臣，形成阉党，明末宦官专政至此达到顶峰。天启五六年间（1625~1626）屡兴大狱，诬杀东林党重要人物杨涟、左光斗、魏大中、周顺昌、高攀龙等，使明末派系斗争白热化。自天启元年至五年间（1621~1625），后金（清）接连攻占沈阳、辽阳、旅顺等地，援辽明兵屡战屡败，名将熊廷弼也被冤杀，辽东的军事变得不可收拾。

此外，北方还有山东白莲教徐鸿儒起义；西南则有永宁宣抚使奢崇明反叛，占据重庆，并多次击败官兵。明熹宗在位七年，政治极端腐败，天下骚动，明朝统治已走向崩溃。

明思宗即位后，杀魏忠贤，废黜阉党。但随即又信任另一批宦官，崇祯三年（1630）冤杀蓟辽督师袁崇焕，致使边事日坏。为了对付农民起义和清兵的威胁，又加征"剿饷"和"练饷"，更增加了百姓负担。当时正值陕西连年大旱，有的地方甚至发生了人相食的惨剧。李自成、张献忠起义军的队伍愈益壮大，屡败官军，先后建立了大顺和大西政权。崇祯十七年（1644），李自成农民军克北京，明思宗自缢于煤山（今北京景山），明亡。

年画《闯王登殿揪宫》
明朝后期，土地高度集中。皇室、贵族霸占大量土地，政治腐败，连年灾荒，广大农民失去生计。陕北是明末各种社会矛盾最集中、最激化的地区，加上这里连年灾荒，起义首先在这里爆发。年画描绘了闯王李自成领导农民军推翻明朝统治，建立大顺政权，进入北京皇宫的情景

崇祯十七年（1644）四月，明山海关总兵吴三桂引清兵入关。此后，明朝宗室在南方先后建立福王弘光政权、鲁王政权、唐王隆武政权、桂王永历政权等，但他们为了争正统，互相排斥，不能合力抗清，最终为清逐一所灭。清兵入关后，对汉族人民进行了残酷的杀戮和民族压迫，如下"剃发令"，在征服江南的时候，更是实施了诸如"嘉定三屠""扬州十日"的暴行，直到康熙二十二年（1683）清军攻克台湾，才将汉族人民的反抗完全镇压下去。顾炎武、王夫之、黄宗羲三位大儒正是经历了晚明政治危机到民族危机的这种转变，对此他们有着深刻的认识。

小知识◎南明

明亡后，明室后裔先后在南方建立的政权，历史上称南明。

福王弘光政权。福王是崇祯皇帝的从兄朱由崧，1644年5月15日，在凤阳总督马士英的拥戴下，称帝南京，建元弘光。次年5月，清兵攻打南京，弘光帝逃往芜湖后被俘。

鲁王政权。1645年闰六月，浙中义师迎鲁王朱以海在绍兴就监国位。1646年6月，清兵进攻绍兴，鲁王在张名振的保护下浮海南逃。

唐王隆武政权。在鲁王就监国位的同时，郑芝龙等也拥立唐王朱聿键在福州称帝，建元隆武。1646年秋，福州失守，唐王逃至汀州（长汀），被清军俘杀。

桂王永历政权。1646年11月，瞿式耜、丁魁楚、何腾蛟拥立桂王朱由榔在广东肇庆即皇帝位，改元永历。1659年正月，清军攻陷昆明，桂王逃入缅甸。

4. 明清之际学风的变化

明清之际既有经世致用的"实学"思潮的兴起,也有理学向朴学的学术范式的转变。

明代中后期,阳明心学由兴盛而趋向于没落,尤其是从万历年间开始,社会矛盾积重难解,社会危机日益深重。占主流意识形态地位的理学内部发生了严重的思想危机,理学界的有识之士开始走上批判理学的道路。创建于晚明时的东林、蕺山两个学派就是这方面的代表。

东林学派以顾宪成与高攀龙为首,该派基本恪守程朱学说,肯定王守仁的"致良知"说,但对王门后学趋向禅学持批评态度。他们的理想是通过讲学,唤起人心,治国平天下。他们的座右铭是"风声、雨声、读书声,声声入耳;家事、国事、天下事,事事关心"。同时主张革新朝政,要求惠商恤民,重视工商业的发展。

蕺山学派以黄宗羲的老师刘宗周为代表,蕺山学派主要学术倾向是批判程朱修正王学,试图恢复儒学正统,阐扬儒学真谛,扫除儒学内部种种分歧和分析支离之说,纠正王门后学浮伪逃禅的学风。黄宗羲在《明儒学案》中将高攀龙、刘宗周二人"并称为大儒",他们代

陈继昌书明代刘宗周《学戒四箴》团扇页

刘宗周，字起东，号念台。山阴（今浙江绍兴）人。官至南京左都御史。南明政权覆亡后，绝食而死。曾于蕺山讲学，一时从游者称蕺山学派。弟子上千人，其中著名者有黄宗羲、叶庭秀、陈确、张履祥、恽日初、陆世权等。该派思想宗旨已基本脱离心学影响，转向了经世致用之学，开清代汉学的先风

表东林、蕺山两个晚明时期的学派，走上批判、总结理学的道路，试图通过批判和总结找出一条使理学摆脱困境的出路。明末这一学风转向为清初学者所继承和发扬，清初对理学的反思就是在上述历史文化背景下进行的。

明末清初的学风有一个由"空疏"向"求实"的转变过程。对于明代学风的浅薄浮泛，明代的一些有识之士是深恶痛绝的，明代著名学者杨慎、王廷相对此就有严厉的批判。空疏学风的形成不仅造成学术研究的浮泛和浅薄，还在很大程度上影响着社会的风气。一些有识之士在对程朱理学反思和对王阳明"心学"批判的过程中反对不良学风，提倡实学，开始把更多的注意力放在读书博闻、考证求实上，出现了一批考据性的著作。明代学者在考据学领域所做的工作及取得的成绩还直接影响了清初以来的学风和考据学的发展。顾炎武、王夫之、黄宗羲三位大儒就是在这种背景下以考据法研习经、史，成为清代朴学先导大师的。

二 鸿儒生平

后世提起明末清初的大儒，往往将亭林先生顾炎武、船山先生王夫之、梨洲先生黄宗羲相提并论。一方面是因为三人皆学问渊博，在学术上有颇多相通之处。另一方面是因为三人的人生经历有很多相似性：都是青少年时代生活在晚明，目睹了国家的衰败和倾覆；中年都奋起抗清，参加反清复明的爱国活动，而且都在失败后，仍不忘故国，拒绝同清廷合作；晚年勤恳著述，笔耕不辍。正是有了这么多共同点，后世便尊称三位大儒为"清初三先生"。

1. 顾炎武：一生长飘落

顾炎武的一生，是奔波的一生，他晚年总结自己是"九州历其七，五岳登其四"。他出身名门，从青年时期就广交豪杰，一生之中两度入狱，坚贞不屈。他始终坚持民族复兴，并为此上下求索，殚精竭虑。

家世及青少年时期

锦绣江南，姑苏繁华，古人认为天地钟灵毓秀之气的荟萃之地，有"五湖三泖"之胜，顾炎武的出生地苏州府昆山县正处于江南水乡的"五湖三泖"之间。万历四十一年五月二十八日（1613年7月15日），顾炎武出生于昆山县东南的千灯镇。顾氏为江南望族，据顾炎武所言，南朝梁陈的大学者顾野王是其始祖。到了明正德至万历年间，顾炎武的高祖、曾祖、祖父相继考中进士，并在地方和朝廷部院担任要职。顾炎武就是出生在这样一个仕宦之家。顾炎武出生后，祖父给他起名为顾绛。明朝灭亡，清兵入关，顾炎武立志复明，因以南宋民族英雄文天祥的学生王炎午为做人榜样，改名炎武，后世习惯称他为顾炎武。

顾炎武故居
顾炎武故居位于江苏省昆山市千灯镇，镇内有顾炎武故居、亭林祠堂、顾炎武墓及顾园

顾炎武的生父顾同应是万历乙卯副榜进士，诗文很好。因堂叔没有子嗣，顾炎武从小被过继给堂叔，堂叔未婚而死，顾炎武在嗣母王氏的抚育下长大。嗣母王孝贞，是明朝太仆寺卿王宇的孙女，也是一位有着良好文化教养的女性，她白天侍候公婆，抚育年幼的顾炎武，晚上在油灯下读历史书。顾炎武6岁的时候，王氏就给他讲授儒家经典。

顾炎武的嗣祖顾绍芾更是一位有着非凡见识的人，虽然只有一个监生的身份，但十分关心时局的变化。在顾炎武9岁的时候，他就叫顾炎武读《孙子》等兵书，11岁开始给顾炎武讲授《资治通鉴》，15岁让顾炎武读邸报，关心时局。良好的家庭教育对顾炎武的成长立志产生了很大的影响。

顾炎武14岁考入昆山县学，成为一名秀才，与同窗归庄兴趣相投，成为莫逆之交，归庄是归有光的曾孙。顾炎武和归庄的文章都写得很好,都曾受到明末文坛盟主钱谦益的赞赏。顾炎武的青年时期,正是明代读书人结社最活跃的时期,18岁的顾炎武与归庄一起前往南京参加应天乡试时参加了复社。在复社中,他认识了很多当时的青年才俊,如陈子龙、方以智、冒襄等。崇祯十一年(1638),顾炎武26岁的时候,他的好友陈子龙主持编纂的《皇明经世文编》问世,这本书是晚明江南学者转向经世致用之学的一个重要标志,这无疑对顾炎武在崇祯十二年(1639)参加科举再次落榜后,转而研究经世之学有很大的影响。这次落榜后,他开始撰写《天下郡国利病书》和《肇域志》。

投身民族保卫战

崇祯十七年(1644),明帝国被农民起义军推翻,接着清军长驱入关,在南方的明朝大臣拥立朱由崧在南京建国。顾炎武由昆山县令杨永言推荐,投入南明朝廷,任兵部主事,为弘光政权提出了一系列的解救危困的措施。但当时马士英当道,以权谋私,顾炎武的建议成为一纸空文。顺治二年(1645),弘光政权灭亡。同年闰六月,因不满清廷的"剃发令",昆山人民奋起反抗。顾炎武与归庄都投入了这场斗争,顾炎武的夫人王氏也积极参加了昆山保卫战的后勤工作。昆山城破,清军屠城,顾炎武的两个弟弟被杀,生母何氏也被清兵砍断右臂,顾炎武和归庄侥幸逃脱。嗣母王氏避兵常熟,常熟陷落后,绝食15日而死。临死前召顾炎武到床前说:"我虽妇人,身受国恩,与国俱亡,义也。汝无为异国臣子,无负世世国恩,无忘先祖遗训,则吾可以瞑于地下。"嗣母的忠君爱国思想,使顾炎武深受感动,也更坚定了他抗清的不屈之志。

弘光政权覆灭后,唐王朱聿键即位建立了隆武政权,同时南明鲁王朱以海在浙东称监国，建立鲁王监国政权。隆武帝遥授顾炎武兵部职方司主事一职。之后，由于各个政权的彼此争立等诸多原因，至顺治四年（1647），南明的抗清武装斗争基本以失败告终。此后一直到顺治十四年（1657）的这一段时光，顾炎武化名蒋山佣或顾圭年，扮成商贾，游走于南京、太湖、淮安等地。在游走江南各地的岁月中，顾炎武结识了阎尔梅、万寿祺等爱国友朋，继续从事秘密反清的活动。顺治十二年（1655），顾炎武因其仆人陆恩携田产投靠地主叶方恒而怒杀叛奴，遂身陷狱讼，且险遭叶氏谋害。后经好友多方营救，方才得释。

顺治十四年（1657）元旦，45岁的顾炎武拜谒孝陵后，开始了他

明孝陵"治隆唐宋"四字
明孝陵位于钟山南麓玩珠峰独龙阜，明朝开国皇帝朱元璋和皇后马氏合葬于此。明亡之后，明孝陵成为明朝遗民集中凭吊之地。清廷为了收买人心，顺治元年（1644）便遣大臣谒祭明孝陵，康熙帝一生中六次南巡，五次拜谒明孝陵，行跪九叩大礼，并题下"治隆唐宋"四字

的北方游历生活。此后的岁月,顾炎武绝大部分时间游走于山东、河北、河南、山西、陕西诸地,至死不曾返回家乡昆山。

北游时期

顺治十四年(1657)秋,顾炎武前往山东,并先后在山东、河北、北京、河南、山西、陕西等地驻足,开始考察中国北部山川险要之地,谋划恢复故国的游历生活。

顾炎武第一站选择山东。辛弃疾在《美芹十论》中解释过:"不得山东,则河北不可取;不得河北,则中原不可复。"顾炎武志在"保国、保天下",山东一带的地理形势及其政治、经济等方面的情况,必然成为他北上的首个考察对象。顾炎武在山东的出行路线是沿着复社的线索,第一站是莱州掖县,他找到了当年山东复社领袖赵士哲,与赵士哲的堂弟赵士完结为好友。到莱州几个月后,他又到了即墨,这一次他寄住在当年锦衣卫都指挥使黄培家。不久,顾炎武到了济南,结识了山东大儒张尔岐,与其成为终身好友。其后,顾炎武还登上了泰山,写成《岱岳记》八卷,随后又去曲阜拜谒孔庙。

顺治十六年(1659)春,顾炎武自永平出山海关,周览辽东、辽西形势,留意山川险阻。山海关是地扼东北通往中原的交通要道,自古以来为兵家必争之地,明亡清兴就是从山海关一片石一带揭开战幕的,顾炎武对这一战略重地非常重视。之后,顾炎武又考察了居庸关一带的形势。此后,顾炎武听到了郑成功与张煌言再次联师北伐的消息,于是立即整装南下。可是当他到达南京时,郑成功已经兵败在南京城下。在这种形势下,顾炎武又重新踏上了北上的旅程。

顺治十八年(1661),顺治帝驾崩,清王朝并未像遗民们所认为的那样很快退出历史舞台，而是一步步建立起强大的中央集权统治，站稳了脚跟。这一年三月，顾炎武从山东转赴京城，再专程赶往昌平，三谒天寿山。三月十九日是崇祯帝缢死煤山之日，顾炎武特地于这一天前往凭吊。这一年六月，顾炎武抵曲阳，谒北岳恒山，后又旅居太原。在山西期间，顾炎武对自己北游的经历进行了一次系统的梳理，表达了想要稍离政治、隐居山林之志，也表明了他对清廷一贯的不合作态度。

康熙五年（1666），山东莱州人姜元衡告发黄培收藏"逆诗"，涉及顾炎武。次年，顾炎武获悉后，南下济南投案，一心要澄清真相。被关入狱后，经好友李因笃等人的搭救才取保出狱。从此，顾炎武潜心于自己的著述，书不离身，以友人所赠二马二骡驮书。每经一地，必与当地各方人士交谈，询问有关知识，如有和平日所知不合者，即与书对比研究，进行实地考察。

在奔波中，顾炎武结识了南北名儒孙奇逢、傅山、李因笃、王弘撰、朱彝尊、屈大均、施闰章、阎若璩等。在此期间，顾炎武完成了《音学五书》，撰写了《郡县论》《生员论》《钱粮论》等。他精心撰写的《日知录》，引起各地学者重视，大家纷纷向他要求转抄。

最后岁月

康熙十二年（1673），清廷下令撤三藩。同年，吴三桂首先发难，尚可喜、耿精忠继起响应。一时间，吴三桂及其叛乱势力席卷了大半个中国。许多明朝遗民为这一突如其来的反清斗争形势激动不已。此时，61岁的顾炎武刚到北京，一听到这个消息，就立刻离京，奔走于山西、山东、河南、陕西等地，与朋友联络，对此寄予希望。

康熙十四年（1675），顾炎武来到山西祁县，当地学者戴廷栻为他筑一书屋，这才把二马二骡驮书往来的历史结束了。康熙十八年（1679），清廷以"博学鸿词科"召顾炎武入京，但顾炎武始终保持着自己的民族气节，宁死不应召。康熙二十年（1681），顾炎武因年迈秋凉，不幸患呕泻症。第二年正月，他骑马出门去答谢友人，又不慎坠马摔伤，病情加重，坠马后的第二天，这位伟大的思想家便与世长辞了，终年70岁。

同年三月，顾炎武的五弟顾纾从江南来到山西，与顾炎武的嗣子顾衍生一起，扶顾炎武灵柩南归，葬之于昆山顾氏家族坟茔。至此，北游25年的顾炎武总算回到了江南故里。

小知识◎博学鸿词科

博学鸿词科是科举考试中临时设置的考试科目，为制科之一，始于宋高宗绍兴三年（1133）。清初朝廷为巩固统治，招致山野逸贤，于进士科之外设博学鸿词科。康熙十八年（1679）开博学鸿词科，命内外大臣荐举学行兼优、文词卓越之人，不分已仕未仕，赴京应考。次年三月在体仁阁考试，考赋、诗各一，与试者143人。一等取彭孙遹、李因笃、陈维崧、朱彝尊、汤斌、汪琬等20人，二等取施闰章、尤侗、毛奇龄等30人，俱授为翰林官，分别任侍读、侍讲、主事、编修等职。乾隆元年（1736），再次举行，除试诗、赋外，增试论、策。此后不再举行。

2. 王夫之：出入于险阻

王夫之晚年隐居衡阳石船山，后人称其为船山先生。他晚年在总结自己一生治《易经》的心得之作《周易内传》中曾说自己"以出入于险阻而自靖"，这句话也差不多是他对自己一生的总结。

青年时期：倜傥不羁

万历四十七年（1619）九月初一，王夫之出生在湖南衡阳城南回雁峰王衙坪一个知识分子家庭，上有两个哥哥。王夫之的父亲王朝聘、叔父王廷聘、长兄王介之都是当地有名的学者，王夫之从小就受到了良好的教育，4岁入家塾跟随长兄介之读书，7岁便读完了十三经。王夫之良好的家庭环境，特别是其父、叔、长兄三人的关爱对其一生的学行产生了巨大的直接影响。

在王夫之10岁的时候其父即授以经义，为其参加科举考试做准备。到了崇祯五年（1632），14岁的王夫之考中秀才，湖广学政王志坚推荐其入衡阳县学深造。16岁的时候"始学为诗"，19岁的时候与同县的陶万梧之女结婚。也是在这一年中,他跟随叔父王廷聘研读史书。从崇祯六年(1633)到崇祯十二年(1639),王夫之还三次去武昌参加过三次乡试,但均以落榜而告终。直到崇祯十五年(1642),24岁的王夫之再次赴武昌应试,这次王夫之和兄介之一起考中了举人。

晚明社会动荡,危机四伏,青年王夫之关心时局,有救国之气。当时文人流行结社,崇祯十一年(1638),王夫之开始与友人为文酒之会,并参加了当地文人组织的"行社",后又组织"匡社"。同时,他还与好友发起文会,针对当时的文风,提出改革的主张。这一时期的王夫之关心时局,志在改革,其所结交的师友在其后的时代风浪中,也大都成为有为的志士。

青壮年时期:投身抗清

中举后的王夫之与其兄介之踌躇满志,准备取道南昌进京参加会试,但此时李自成的农民军节节胜利,会试延期。王夫之不得不于崇祯十六年(1643)返回衡阳。这一年的十月,张献忠部攻占衡阳,拘捕王夫之的父亲王朝聘,想以此胁迫王夫之兄弟加入农民军。王夫之为使父亲脱险,故意刺伤手脸,并抹上毒素,装作重伤的样子,让人抬到城内,并谎称大哥已死。这时有一位参加农民军的好友代为说情,农民军便不再勉强,放他们父子回家,此后王夫之开始了漫长的逃亡生涯。

1644年,李自成攻占北京,明亡,随后清军占领北京。明亡后,其残余势力退守长江以南。而避兵乱退居衡山的王夫之,一边侍奉老父,同时仍密切关切着国家形势。顺治三年(1646),王夫之孤身前往湘阴,上书隆武政权的湖北巡抚章旷,就当时的两湖局势发表了自己的看法和忧虑，认为应该联合大顺农民军，统筹粮饷共同抗清，以拯救危局，但未引起重视。王夫之失望而归，以后局势的发展，果然像王夫之担心的那样。这一年，王夫之的妻子陶氏病故，年仅25岁。

1648年，王夫之30岁，由于原来的明降将金声桓、李成栋等倒戈反清，江西、广东归附南明，王夫之也联合好友准备发动起义，但起义尚未发动，就被清兵袭击而失败，数十人被株连杀害。起义失败后，王夫之为躲避清军的追捕，携带侄儿在这一年的冬天抵达当时南明永历政权的驻地肇庆，希望有所作为。但当时兵部尚书兼东阁大学士王化澄当国，为人贪鄙，不得人望。整个永历政权也不思进取，贪腐横行。1650年，王夫之也被诬陷，几次入狱。后经农民起义军领袖高一功全力相救，才得以脱身逃往桂林。十一月，桂林被清军攻破，王夫之被迫于次年逃回衡山。从此，他出门时，手擎雨伞，脚踏木屐，用此举来表示自己"头不顶清朝天，脚不踏清朝地"之志。

后清军再次攻陷湖南，镇压当地反清势力。由于王夫之曾举兵衡山，又参加过永历政权，自然而然成为被侦缉的对象。他被迫于1654年秋天再次离开家乡，在湖南零陵、晋宁一带漂泊，又过了三年颠沛流离的生活。在此期间，王夫之以教书为生，同时流亡和漂泊也给了王夫之一个锤炼思想和写作的难得机遇，使他有机会广泛接触底层民众，对他的思想意识和学术观点都产生了深刻的影响。

中晚年时期：隐居著述

顺治十四年（1657），王夫之带着继配郑氏和幼子结束了三年的湘南流亡生活，回到了衡阳家乡，长居在双髻峰的寺庙中。此后又迁居湘西金兰乡筑一茅屋，取名"败叶庐"。后又徙石船山下，自号"船

毛泽东书法手迹"船山学社"
石船山简称船山,在今湖南衡阳县(西渡镇)西北曲兰镇。王夫之抗清失败后,隐居于此,著书终生,世称船山先生。船山学社是1914年6月4日创立的。学社是以研究和传播王夫之(船山)思想和中国传统文化为宗旨的学术研究机构

山","学者也称其为"船山先生"。

从1648年起兵衡山,到1657年回到了故乡,王夫之经历了近十年的漂泊,也从此开始了他后半生隐居著述的生活,他的大部分著作也都是在这一时期完成的。除了著述之外,王夫之后半生的另外一项重要活动是讲学。自从归隐衡阳后,陆续有弟子前来王夫之处问学,这些弟子很多都是明朝死难者的遗孤或者是王氏世谊之后,他们大都一生不做官,以布衣老死田园。

在王夫之隐居湘西期间,吴三桂在康熙十二年(1673)打着反清复明的旗号,从云南起兵,一时广西、四川、陕西等地群起响应。王夫之此时也曾多次出游湘乡、长沙、岳阳等地,对起义军寄予希望,但是经过反复权衡局势,又感到希望十分渺茫。直到康熙十七年(1678)吴三桂在衡州称帝,建元昭武,以衡州为定天府。吴三桂要王夫之写劝进表,王夫之拒绝,并且逃亡深山。当吴三桂建坛即位时,王夫之

还愤慨地作《祓禊赋》，表达了对吴三桂称帝的鄙视。直到吴三桂病死，王夫之才消除了将受玷污的顾虑，此后王夫之直到去世一直潜心著书讲学。

康熙三十一年（1692）正月，王夫之逝世于石船山下的湘西草堂，终年74岁，葬于衡阳金兰乡大罗山麓。他在去世之前自作墓志铭，并预先写好了墓石题名，上题"明朝遗臣王夫之之墓"，以志他的民族主义精神。

3. 黄宗羲：党人、游侠、儒林

黄宗羲的一生可能是三位大儒中最具有传奇色彩的了，他一生历经坎坷，也经历了很多次角色的转变。黄宗羲对自己的人生历程曾做过一个简明的概括"初锢之为党人，继指之为游侠，终厕之于儒林"，十分准确地总结了自己的人生历程。

少年时期

黄宗羲的家乡余姚在明代隶属于绍兴府，万历三十八年（1610）八月八日，黄宗羲就诞生在这个自古以来人才辈出的地方。黄宗羲取字太冲，号南雷，学者称其为"梨洲先生"。

黄宗羲的父亲黄尊素为当地著名学者，后于万历四十四年（1616）中进士，随后被朝廷委任为宁国府推官，这是一种专事刑律的司法官。黄宗羲便与他的母亲和刚出生的弟弟离开家乡随父亲一起启程北上宁国府。此后黄宗羲便随父亲在宣城、京师等地居住。父亲疾恶如仇的性格和博览经史的学养对他影响很深。

械系忠良入狱

本图出自明刊本《皇明中兴圣烈传》。此书主要讲明熹宗不理朝政、宠幸宦官魏忠贤,以魏忠贤为首的阉党,为了争夺权位,伙同天启皇帝乳母客氏,网罗党羽,操纵朝政,将忠臣杨涟、左光斗、黄尊素等人残酷迫害致死的故事

天启三年(1623),黄尊素调任山东道监察御史,黄宗羲也考中了秀才,14岁的黄宗羲随同父亲一起踏入了明帝国政治斗争的中心。此时的朝廷,东林党和阉党的斗争已经日趋白热化,作为东林党重要一员的黄尊素当然不能置身事外。

天启四年(1624),黄尊素上疏陈时政十失,忤逆魏忠贤,魏忠贤以皇帝的名义对其实行廷杖,后遭大臣反对,改为夺俸一年。后东林党人、左副都御史杨涟上疏弹劾魏忠贤二十四大罪,遭魏忠贤反诬,死于狱中。天启五年(1625),黄尊素继杨涟后上疏弹劾魏忠贤擅权,最终被削职,在苏州城郊居住。这一年十二月黄宗羲完婚,妻子叶氏为广西按察使叶宪祖之女,长黄宗羲一岁,也略通经史。

天启六年(1626)三月,黄尊素被捕。其原因自然在于他曾多次弹劾魏忠贤。黄尊素被押赴京师后,即入诏狱,备受酷刑,不久被害,时年43岁,这一年黄宗羲17岁。噩耗传到家中,黄宗羲祖父写下"尔忘勾践杀尔父乎"八字,贴在家中出入处的墙上,提醒黄宗羲作为长子时刻不能忘记复仇。

天启七年(1627),明熹宗病卒,其弟朱由检即位,即为崇祯帝。他为挽救明朝危亡,杀魏忠贤,革黜阉党骨干分子,平反东林党冤狱。消息传来,19岁的黄宗羲想起了父亲的惨死及祖父的勿忘杀父仇人的警训,便携带奏疏和铁椎上京。此时,阉党罪魁魏忠贤已死,黄宗羲便上疏请治余孽曹钦程、李实的罪。刑部会审魏忠贤余党许显纯、崔应元。黄宗羲在公堂上,从袖中取出铁椎,击伤许显纯,又殴打崔应元并拔下他的胡须,回去祭奠父亲。事后他又击杀害死其父的两个狱卒,时人称"黄孝子",他因此名震天下。在京为父冤昭雪的大半年中,黄宗羲的表现为朝野有识之士所赞赏,他们与之结交,其中就有复社领袖张溥等人。

党人时期

父仇已报的黄宗羲在20岁的时候又继续他的读书生活,黄尊素在蒙难之前曾叮嘱黄宗羲日后要从学刘宗周,并告诫他不可以不通史事。于是黄宗羲便投身刘宗周门下。当时刘宗周讲学于绍兴蕺山书院,以"刘蕺山"为号而名噪一时。黄宗羲从20岁投身蕺山门下,到南明弘光政权覆灭时已36岁。这十余年间,他一方面致力于学业,一方面外出游历,辗转于宁波、杭州、南京、北京等都市,交友访学、热衷社事,并结交了一批志同道合的仁人志士。

黄宗羲于崇祯三年(1630)参加复社,这一时期的复社正是鼎盛时期,在南京筹开第三次大会(金陵大会),而黄宗羲也于这一年第

张溥

张溥,字天如,太仓(今属江苏)人,崇祯四年(1631)中进士。与同里张采齐名,号称"娄东二张"。于崇祯初组织复社,复社以"复兴古学、务为有用"相号召,表面上是讲学,"以文会友",实际上评议时政,与把持朝政的阉党作斗争,曾多次遭当政者攻讦。张溥也是黄宗羲的好友之一

一次踏上科举之途,赴南京参加乡试。由于他是黄尊素之子,而且袖椎讼冤的故事流传很广,很多复社士子争相与他结交,复社重要人物周镳介绍黄宗羲加入复社。虽然这次科举考试黄宗羲落榜了,但黄宗羲应邀参加了复社的金陵大会。黄宗羲所说的"初锢之为党人"即从这一年正式开始,并开始参加各种社集活动。

除了复社外,黄宗羲参加的另外一个重要文人社团是文昌社,文昌社的社员或者师从刘宗周,或者师从黄道周,他们在当时反对阉党,在以后举旗抗清。他结识的这些文昌社社友如万泰、陆符等,几乎影响了他以后的一生。万泰的几个儿孙,如大名鼎鼎的万斯同、万斯年等后来也拜在黄宗羲门下读书。黄宗羲参加的另外一个文社是杭州的读书社,崇祯年间由闻子将、张天生、冯延年、余杭三严(严调御、严武顺、严敕三兄弟)等在杭州倡立。读书社后来并入复社,但读书社文人并无复社文人之激烈。

在黄宗羲党人生涯的后期还发生过一件影响很大的政治事件,即

黄宗羲与顾杲、陈定生、吴应箕等一起领导了声讨阉党阮大铖的斗争。崇祯十一年（1638），阉党阮大铖闲居南京，广为交结，图谋复起。复社成员吴应箕、陈贞慧等起草《南都防乱揭》披露其罪状。当时带头署名者有黄宗羲和顾宪成之孙顾杲。《南都防乱揭》发表以后，黄宗羲又联合被阉党迫害致死者的子弟，在桃叶渡举行大会，用自己的亲身经历，揭露和控诉阉党迫害志士仁人的罪行。这两次事件使阮大铖与复社的关系形同水火。

抗清游侠

1644年，黄宗羲35岁，李自成攻入北京，明亡。随后马士英等在南京拥立福王，建立弘光政权，以马士英为首辅，阮大铖任兵部尚书兼右副都御史。阮大铖即对东林、复社诸人展开报复，并下令逮捕黄宗羲和顾杲。后由于时局变化太快，清军兵临南京，福王政权作鸟兽散，此案也不了了之，黄宗羲死里逃生，返回家乡。

很快，南京陷落，黄宗羲在余姚家乡招募子弟数百人，参与了南明官军阻击清兵东渡的斗争，被在绍兴以监国名义即位的鲁王任命为兵部职方，后升至左副都御史。这是黄宗羲第一次出仕，也是生平唯一一次出仕。清顺治六年（1649）奉鲁王之命随师到日本长崎借师抗清，不得要领而回。从日本潜回故乡余姚后，黄宗羲再也不公开参加反清斗争。他当时公开的身份是削发归顺清廷的遗民，黄宗羲利用这种身份营救抗清志士或其家属。黄宗羲还利用公开身份，暗地里进行抗清的活动，他为海上抗清义师暗送浙东军政情况，传递清军情报。此外，他还和钱谦益合作，参加西南永历政权与东南沿海郑成功、张煌言等抗清武装力量联合作战的地下活动。

直到顺治末年清政权日趋稳定，尤其是顺治十六年（1659），郑成功、张煌言联军北上，直抵长江口，围困南京，但由于郑成功的轻敌，最终功亏一篑。这次失败对黄宗羲的打击很大。康熙元年（1662），永历帝朱由榔被吴三桂杀于云南，此后恢复明朝已无希望，抗清接近尾声。黄宗羲的抗清游侠时期结束，这一年黄宗羲53岁。

厕身儒林

黄宗羲于康熙元年（1662）夏天，开始撰写对封建社会进行反思的《明夷待访录》，标志着他漫长的儒林生涯的开始。从53岁到86岁这33年间，黄宗羲四处讲学、笔耕不辍，产生了巨大的学术影响。

康熙二年（1663），黄宗羲应友人吕留良的邀请到崇德吕氏梅花阁任教，一直到康熙五年（1666）。之后，二人在学术主张和立身处世方面产生了较大分歧，关系逐渐疏远，以至终身不再往来。之后，黄宗羲前往绍兴讲学，并恢复了他的老师刘宗周之前创办的证人书院。书院重建后，浙东学子踊跃投学，黄宗羲也声名远扬。此后，他又在多地创办讲会，开展学术活动。讲学之处以余姚、宁波、绍兴、海昌（今海宁）、语溪（今桐乡）为多，遂形成以他为创始人的清代浙东学派。这期间，官府也不时向他发出讲学的邀请，他虽然不是很乐意，但还是认真做了。由于他反对官方提倡的程朱理学，他的讲学为沉闷的官方教育吹进了一缕新风。黄宗羲在他最后三十年中，通过讲学培养了很多人才，直接拜他为师的有百余人之多，聆听过他讲学的更是不计其数，其中对清代学术做出较大贡献的有万斯同、万斯大、阎若璩三人。

除了讲学，黄宗羲在这一时期还写下了大量的文化和学术作品，直到去世之前，他还手不释卷，笔不离手。有学者考证，黄宗羲一生

万斯同

万斯同,字季野,鄞县(今浙江宁波市鄞州区)人。与兄万斯大皆为黄宗羲弟子,博通诸史,尤熟明代掌故,是浙东派史学代表人物。他极淡于荣利,终身不仕,以布衣参加明史馆,亲手审定《明史稿》五百卷,但不写头衔,不领薪水

作品有100余种,字数达2000万字,可谓是著述等身。

黄宗羲的一生铮铮铁骨,始终能坚守节操。南明覆灭后,自知世事不可违,转而著书立说,晚年多次拒绝清廷的招募。清朝自康熙开始,统治日益巩固,对知识分子采取怀柔的政策,黄宗羲作为浙东地区的大儒,自然也是其重点拉拢对象。康熙十八年(1679),清廷开博学鸿词科,学生代为力辞。康熙十九年(1680),康熙帝又命地方官礼请黄宗羲赴京修《明史》,黄宗羲以年老多病坚辞。康熙帝令地方官抄录其所著明史论著、史料送交史馆,总裁又延请其子黄百家及弟子万斯同参与修史。万斯同入京后,执意以布衣身份参加修史工作,后来署名王鸿绪的《明史稿》实际为万斯同所手定。

康熙三十四年(1695),黄宗羲去世,终年86岁。家人遵照他的遗嘱,不用棺材,仅以一被一褥及平时所穿衣物随葬,将其葬在余姚化安山其父墓侧。晚年的黄宗羲实乃不事二姓、坚守节操的志士。

三　学术造诣

明末清初三大儒是有着相当多的共同点的学者，他们不仅有着高深的学术修养，开启了一代学风，而且同处于天崩地裂的时代，经历了政局的动荡，均有大量的著述传世，其学术思想也都产生了深远的影响。但三大儒的学术成就又各有侧重，论及他们最具代表意义的学术成就，顾炎武在经学，王夫之在哲学，黄宗羲在史学。

1. 顾炎武的学术成就

顾炎武学问渊博,于国家典制、郡邑掌故、天文仪象、河漕、兵农以及经史百家、音韵训诂之学,都有研究。他还是清代朴学的开山祖,被清人推为"开国儒宗",提出"经学即理学"的学术纲领,上矫宋明理学末流,下启清代朴学先路,对后来重考据的吴派和皖派都有影响。

儒学思想:明道救世

顾炎武被称作清朝"开国儒师"、"清学开山"始祖,他继承晚明反理学思潮,反对空谈心、理、性、命,对明代空疏学风展开了激烈的批判。他提倡"经世致用"的实际学问,力主学术研究与现实社会紧密联系,他平生不做无益之文,广泛涉足于经学、史学、音韵学、小学、金石考古和舆地、诗文之学,目的就是对国家和民族、对社会能有所作为,给予清代学者极为有益的影响。

对空疏学风的批判

明代空疏的学风是顾炎武一直批判的问题，从现存顾炎武给友人的书信中可以看到，顾炎武认为空谈心性而不务实学的学风，造成了十分恶劣的社会后果，甚至认为这种学风直接造成了明朝的灭亡。

顾炎武认为由于明代士人们崇尚心学，他们既不研习六经，也不学习历史典籍，整日里所谈论的问题都是"明心见性"之类的空话，从而丧失了处理实际社会问题的能力，也放弃了自己应承担的社会责任。他还把明代的心学比作导致祸乱的魏晋清谈，只不过魏晋清谈谈的是老庄，而明代清谈谈的是孔孟。魏晋清谈导致了五胡乱华的恶果，明末的清谈则直接带来了明代灭国、异族入侵的沉重灾难。因此，心学之罪深于夏桀、殷纣，想要为万民开太平就不能不批判心学。

为了批判王学，顾炎武把它和心学直接对立起来，他认定心学不是孔孟的儒家正统，本质是"内释而外吾儒"之学，即通过儒家经典语录阐发道家、佛家的思想。在顾炎武看来，心学置经世济世不顾而提倡用心于内，士人无意于做学问，对儒学这一当时社会道德标准的来源也不甚了解，甚至丧失了道德标准和行为准则，以至于在社会上出现了种种无耻的行为，也直接导致了士人们对于履行社会职责、解决社会现实问题的漠视，这些都是明代空疏学风的具体表现。所以心学根本就是背离了孔门的宗旨，与儒家格格不入。

顾炎武还认为阳明心学对明代空疏的学风有很大的责任，更深层次的原因还在于主持科举考试的官员崇尚心学，在这种情况下明代心学成为士子们崇尚的学说，这是明朝君主推行的科举制度实施过程中逐渐演进的结果。顾炎武指出明太祖时把南宋以来的旧本，藏在深宫，"垂三百年，无人得见"。明成祖通过靖难之役推翻建文帝的统治后，

王守仁

王守仁,字伯安,曾在故乡阳明洞隐居,世称阳明先生,余姚人。他发展了陆九渊的心学,形成陆王学派,与程朱学派相对抗。其学说影响很大,弟子几遍天下,从而在明代思想界和哲学界形成了王学,也称为阳明学派、姚江学派

为了粉饰自己政权的合法性,篡改《明太祖实录》,又将很多史书藏于皇史宬,更是很少人可以阅读。明代的士人既不知古,也不知今,为学术走向空疏埋下了伏笔。明成祖又颁布《四书大全》和《五经大全》,所取主要是以程朱理学为代表的著作,并亲自为之作序,此二书遂成为官定教科书,此后也就以此二书取士,导致事科举者专学此二书,连宋儒的书也不再过目。这就深刻地揭示出,明朝皇帝颁布《四书大全》和《五经大全》等,才是明代空疏学风的真正源头。这种空疏学术风气随着科举制度的推行,士人们不读书习气的养成而逐渐形成。随着时间的延续,明代士人逐渐远离经学,而且官方树立的经典中潜伏着"内释而外吾儒"的基因,禅学与经学的区别更加不为人所知。到了明代中期,王守仁更是将禅学与儒家思想紧密结合,科场主考也以心学为题,使得空疏的学风风靡全国。最终造成了"神州荡覆,宗社丘虚"的惨祸。

为学博学于文

对此有切肤之痛的顾炎武认为,为了避免成为空疏不学之人,应当"博学于文"。其实博学是儒家在治学中一贯倡导的方法之一,"博学于文"出自《论语》:"君子博学于文,约之以礼,亦可以弗畔矣夫。"孔子认为君子的第一件大事就是广泛地学习文化知识,才可以用礼来约束自己。荀子也认为人们只要努力地积学,就都有可能成为圣人。之后的颜之推、韩愈、柳宗元、张载等大儒们都主张"博学""博览",以为这是人生价值的基石。

顾炎武也继承了这种治学方法,但他所提倡的"博学于文"的"文",并不仅仅限于文字、文章之文,还包含广闻博见和考察审问得来的社会实际知识。顾炎武一生广泛接触社会,结交了一大批志士仁人。他45岁时离开江南开始北游,到最后辞世的二十多年里,一直奔走于中原大地,着手书籍的著录、学术的交流和实地的考察。通过走出书斋到社会中去考察,不断地取人之长补己之短。顾炎武的知识面之广是许多"大儒"无法企及的。

顾炎武还认为"博学于文"的内容主要是有关民生之利害,学者如果只认识一些鸟兽草木之名,那是十分微小的事情;对于学者而言,最重要的应该是了解那些与国计民生休戚相关的当务之急,即"明道救世"的知识。由于家庭的影响,顾炎武从小就很重视经世学问。他自10岁起便开始阅读《左传》《史记》《国语》《资治通鉴》等书,后又在祖父的指导下阅读邸报,后来还特别留心天文、地理、农田、水利之类的实用之学。随后几次科举场上的失利,更是让顾炎武渐渐淡泊功名,转而发奋读书,致力于实用之学的研究。

顾炎武认为"博学于文"仍然属于"形而下者",是"器"。一

顾炎武故居"学以致用"楼
顾炎武一生提倡学以致用,对明代空疏学风进行了激烈的批判,他通过走出书斋,
到社会中去考察,不断地取长补短,且平生不做无益之文

个有抱负的学者,还应当通过"博学"形成自己的某些观点,即上升到"形而上者"的"道",用以认识社会、指导实践。所以,他认为,应通过在学习中会通的方法,提出自己的"识",即自己的观点和主张;否则仅仅是一个书袋子,无益于社会。所以,他提倡学者应该有所为有所不为。治学的最终目的就是经世致用,应该从不同的角度探寻研究和现实密切相关的问题,通过学术研究这个手段,最终给出改革社会积弊的方案。

顾炎武的《天下郡国利病书》《肇域志》等诸多作品,在内容上无一不是与社会现实挂钩,在总结完汉唐旧制之后,他总会加上"有明之季""万历以来"等内容,力主以史为鉴,通过对历史上兴衰治乱的总结,达到指导现实社会之功。尤其是顾炎武撰写的大量记述明朝历史的著作，如《明季实录》《皇朝修文备史》《圣安纪事》等，探讨明朝近三百年兴衰的原因，总结明代的制度沿革和人物大事等，以供后人参考。在编纂《日知录》时，顾炎武考察了历史上政权组织结构的各种形式及利弊，考察了官吏选拔的种种办法及得失，考察了社会风俗的种种时尚和效用，从政治、经济、道德风俗、法制人才等诸多方面和不同角度探讨了历朝尤其是明朝兴衰的因由，并且给出针对性的改革方法，彰显了他"明道救世"的思想。

小知识◎"正史"与"野史"

在中国史学史上，"正史"与"野史"是两个常常被人们提到的名词。正史即封建时代经官方认可或组织撰修的史书。正史之名，始见于梁朝阮孝绪《正史削繁》，《隋书·经籍志》将《史记》《汉书》等以帝王传记为纲的纪传体史书列为正史，居史部书之首位。清乾隆年间编辑的《四库全书》，确定以纪传体史书为正史，并规定凡不经皇帝批准的都不得列入，诏定"二十四史"为正史。正史即成为官修史书的专称。野史即中国古代私家编撰的史书，大多无一定体例，均为杂记异录性质，宋、明两代野史之作最多。

学术途径：经学即理学

顾炎武是一位讲求实际、力倡经世致用的儒学家，他不但抨击陆王心学，同时也在某种程度上批判程朱理学。他以匡时济世为己任，为了维护正统的儒学，提出了"经学即理学"的学术纲领，试图把经学引导到经世致用的道路上来。他的学说为批判理学提供了方法论指导，是清初思想的一大解放。

治学原则

经学即训解和阐述儒家经典之学。经学的起源，后世学者往往推到子夏和荀子，但儒家经典被尊崇、经学成为中国社会的正统学术，则开始于汉武帝独尊儒术、置五经博士之后，其盛衰、分合、争辩，往往与当时政治局势相关联。早期的董仲舒把阴阳五行说和今文经《春秋公羊传》相牵合，用以巩固皇权。宋明儒学分为程朱与陆王两派。

董仲舒

董仲舒是西汉中期儒家公羊学派大师，今文经学的创始人，广川（治今河北景县西南）人。曾任胶西王相。武帝时建议"罢黜百家，独尊儒术"。其学以儒家为中心，杂以阴阳五行说，其核心是"天人感应"说，把神权、君权、父权、夫权贯融为一体，形成封建神学体系

由北宋程颢、程颐兄弟创立，南宋朱熹集其大成，并由其后学们加以丰富发展的理学，称为"程朱理学"。"陆王心学"由南宋陆九渊创立，明代王守仁进一步发展。

但当时流行的理学，远离人事而崇尚天道，重视心性而不务实际。在顾炎武看来，孔子教人"文行忠信"（文，指诗书礼乐等文化知识；行，躬行实践；忠，办事尽心；信，坚守信约），并没有离开日常生活而空谈心性与天道。理学家们却与之相反，这当然有失孔子之真，偏离了孔孟之道和圣人之学。从维护正统儒学的立场出发，顾炎武提出了"理学，经学也"的著名论断。

在顾炎武看来，古人也讲究义理，都是以经为本，不通经则无以成义理；但要研究经学，不是一朝一夕所能通晓的，需要几十年的长期努力才能弄通，比如学习《春秋》一经，须终身学习才能有所得。宋代的理学研究也不是脱离经典而存在的，同样也需要终身学习。但当时人们所说的"理学"，即明末的王学，学者们抛开儒家的经典著作不去研读，求助于语录和八股帖括，去玄想和空谈，妄想得到顿悟。这种理学已经和本来意义上的理学相去甚远，变成了十足的禅学。可以看出，对宋代的理学，顾炎武是持部分肯定态度的，着重批判的是明末的理学，他对空疏的学风批判的时候往往在时间上有所界定，即"百余年以来之为学者"。

治学宗旨

在"经学即理学"的原则指导下，顾炎武开辟了以经学为载道之器追求经世致用的学问的治学路径，这个治学路径以"博学于文"和"行己有耻"为治学宗旨。关于"博学于文"，前文已经提到顾炎武从来没有把自己的视野局限于儒家经典著作之中，他始终关心的是天下百姓的困厄，提倡"经世致用""明道救世"的学问，他一生始终以天下民生之事为思考、写作、实践的中心内容。例如他的巨著《天下郡国利病书》所采用的资料均与民生有关。

他痛心于明朝灭亡，认为社会道德风气的败坏是导致民族衰亡的主要原因之一，他对士大夫阶层提出"行己有耻"作为做人的基本准则。他认为，士大夫阶层本应该在道德上对社会起表率作用，同时还负有对民众进行道德教化的责任。他提出人道主义原是人之所以为人的最低限度的道德底线，士大夫首先不要做有违人道主义原则的事。其次，不要去做有违爱国主义原则、有损国格和人格的事。在以清代明历史背景下，顾炎武把爱国主义原则看作最重要的道德底线。他认为在汉民族遭受民族压迫的时代，对异族统治者献媚，去帮助异族统治者压迫本民族的同胞，是类似于娼妓的无耻之徒。此外，决不能和腐败的社会风气同流合污。他认为是否与腐败的社会风气同流合污，是老子之学与孔子之学的根本区别。老子主张和光同尘、与世浮沉，后来的儒家也接受了老子的这一思想，遂导致很多士大夫与腐败的社会风气同流合污。一个人要想在腐败的社会风气中保持特立独行的节操，就必须具有独立的人格。

治学方法

具体到治学方法，顾炎武认为理学在明末空谈心性，完全废弃了汉代以来训诂注疏的传统，传统经学也随之衰落。面对这种局面，顾炎武强调研读经典，恢复经学原貌。

要恢复经学的原貌，顾炎武认为首先需要通过对音韵文字的训诂、分析、考证来获得义理。在顾炎武看来，知音韵是通经的关键：知音才能通经，通经才能明道，明道才能救世。因此，他极重视语言学和音韵学，认为只有熟知古音的源流方能读六经之文。在这一思想的指导下，顾炎武广搜材料、考求古音，写出了《韵补正》《音学五书》等音韵学巨著。其中《音学五书》堪称我国古代语音学的扛鼎之作。顾炎武的音韵学成就和著述，基本上确定了清代音韵学的学术架构，之后清代的大儒大都好音韵学，这很大程度上是受了顾炎武的影响。尤其是顾炎武考订的古无四声之分，对乾嘉考据学者江永、戴震、钱大昕等都产生了影响，他们关于四声之论，大多依据顾炎武的说法而加以发挥。正是在顾炎武的影响下，被称为小学的文字音韵学，在清代才由经学的附庸而变得蔚为大观。

其次，顾炎武主张遵从经文，不妄改经。他认为，不通经义而妄自改经，是侮圣人之言。后人往往不考古而妄改经，不仅造成古书错误频出而且败坏了学风，其影响极坏。所以顾炎武反对宋明以来那种断章取义、心印证悟的语录之学，尤其是明代儒生唯科举是从，只知道背诵"四书五经"大全，而不读经典本文。为恢复经学的传统，顾炎武提出要明辨经学源流，恢复经学原有的面目，因此顾炎武还强调应该读注疏，批评明代以来的学者不读甚至几乎没有能通《十三经注疏》的浮躁风气。

另一方面，顾炎武提出"信古而阙疑"的治经原则。所谓信古，即尊重历史；所谓阙疑，即看重证据，不人云亦云。合起来就是被清代朴学家奉为根本信条的"实事求是，无征不信"。顾炎武对于儒家经典，诸如《易》《书》《诗》《春秋》《礼记》《论语》《孟子》等都有具体的论述和考订，提出了许多新的问题，不乏独到之见。例如《尚书》是儒家经典中问题最多的一部，历来注、疏、传、释者甚多，其流传版本古今真伪也相互纠缠，历来没有定论。顾炎武对《尚书》的历史进行了认真的研究，指出《尚书》不仅有西汉《今文尚书》

和孔壁《古文尚书》的对立，而且在《古文尚书》中，又有东汉杜林的《漆书古文尚书》、东晋梅赜所献的所谓《孔传古文尚书》以及西汉张霸所献的《百二篇尚书》的区别。他还在《日知录》中明确指出，出于梅赜之手的《古文尚书》属伪作。因此，他主张要根据史实进行认真的考察，既不可轻信，亦不能盲从。这对于后来乾嘉学者的考据辨伪学风，具有重要意义。

对于经典文字，顾炎武也进行了细致的校订。他非常注重经典的可靠性，因此特别强调校勘的重要性。在《日知录》等书中，顾炎武随手校正诸经错乱的条目很多，他还专门撰写《九经误字》校正诸经。对于经传史事，他也进行了确凿的考辨。顾炎武从历史文献资料中归纳出大量例证，以无可辩驳的事实，说明论证问题。例如他要说明"古人之坐，以东向为尊"这个问题，便列举了《史记》《汉书》《后汉书》等书中的有关资料二十余条，最后得出结论。此后乾嘉考据学派论证问题，也主要是采用这种归纳的方法。

顾炎武采取的另外一个方法是金石文字与史书互证，顾炎武自青年时代就喜欢搜集古人对金石的研究著作，中年以后在南北访学，更是广泛搜集金石之学的资料。顾炎武充分地利用古碑石刻保存史料丰富又极具原始性这一特点，将这些材料运用到具体的学术问题中去。

历史哲学：天下兴亡，匹夫有责

顾炎武从"明道救世"的经世思想出发，认识到绝对皇权对整个国家民族造成的危害，通过区分"亡国"与"亡天下"，提出了"天下兴亡，匹夫有责"的响亮口号，讲求民族利益高于一切，进而萌发了对君权的大胆怀疑，提倡君、臣、民平等，具有极为深远的意义和影响。

"国"与"天下"

明清交替之际,顾炎武曾致力于救亡图存,在南明弘光朝廷任职,继又先后参加苏州和昆山的抗清起义。但是,随着南明诸政权的相继垮台和清朝政权的日益巩固,顾炎武的复国之梦渐渐破灭,在抗清失败、复国无望的情况下,他开始反思明亡原因并总结亡国教训。

顾炎武认为明朝亡国主要有三个方面的原因:第一,王室宗族势力衰弱;第二,君主集权制度空前强化;第三,伦理道德沦丧。正是基于这些思想,顾炎武对国家与民族、君主与天下、皇帝与臣民的关系进行了深刻的反思,同时对专制制度进行了尖锐的批判。他在临终绝笔而定的《日知录》中提出了亡国和亡天下的区别,并认为"知保天下,然后知保其国。保国者,其君其臣肉食者谋之;保天下者,匹夫之贱与有责焉耳矣"。这句话被清末大学者梁启超概括为"天下兴亡,匹夫有责"。

在他看来,一姓的兴亡和朝代的更替,可以称之为亡国,但不能称为亡天下。亡天下是指国民伦理道德沦丧以至于行如弱肉强食的禽兽,政治腐败,统治者鱼肉百姓。清取代明,对于明王朝来说只是亡国而不是亡天下。"保国"是指统治者维持和巩固其执政地位,是皇帝和达官贵人的事情。而"保天下"是全体国民培养和保持其做人应有的德性,保卫民族文化的传统,从普通百姓到统治者在内都有责任。也可以看出,顾炎武已经有了"保天下"的观念,而不是仅仅停留在叹息某个朝代的治乱兴衰。

反对专制

顾炎武还对专制制度进行了抨击。顾炎武认为君主独裁是没有可能治理好一个国家的,因为在君主独裁统治的体制下,君主由于事务繁忙,国家不是由一个人所能操持的。这样,专制君主就不得不依赖于专制之法,而且这些法也势必会越来越多。刑和法,固然可以让坏人产生畏惧,但另一方面,也严重地妨碍贤能之臣发挥应有的作用。而解决问题的方法是"君臣分献共治",即采用君臣分工、百官分治合作的行政方式来管理国家。把治理天下的权力,分散到各级官吏的手中,让更多的士大夫参与国家的管理,来克服君主专制的种种弊端。

除了君主要和臣子分享权力以外,还应该撤销省级、大区级的行政机构,扩大郡县权力,实行朝廷与地方分权,推行乡村自治。在认真分析三千年中国政治体制的利弊后,他认为"封建之失,其专在下;郡县之失,其专在上"。为了避免封建制和郡县制的弊病,他力主扩大地方政府的权力,让郡县官掌握地方上的军民财政等一切大权。主要措施有以下三点:

一是要给予地方必要的财政权。财政权在顾炎武看来是地方自治的关键,是保证地方官行政权、人事权乃至军事权落实的基础。给予州县自主的财政支配权,保证地方有财政盈余进行自身的建设和发展;同时又允许地方政府开发山林和矿藏资源,使之能创造财富,而不仅仅是从民众手中获得赋税以增加财政收入。

二是要给予地方必要的人事权。顾炎武十分推崇周天子不干预官员任免、汉代允许州官自辟僚属的制度,认为皇帝既不应该干预吏部遴选官员的事务,也不应该干预郡县官任命自己的僚属。他认为汉代的地方官,除各州的太守由朝廷任命外,担任僚属的官员都是本地人,由太守自己任命。这些僚属熟悉本地的风土人情，这就使地方官能够为民兴利除害，从而使地方治理达到合理的状态。

三是让地方享有稳定的管辖权。他主张通过严格考核，设世官之奖，以使地方官员长期任职，以此作为对官员的嘉奖，同时保证地方治理的平稳。

他还主张乡村自治，认为农村的事务主要应由农民自己来处理，而不必由官府来越俎代庖。用君主专制主义的政治体制来管理乡村的一切事务，乡村中的一切公共事务都必须由官府来处理，一切民间纠纷也必须通过诉诸专制君主颁布的法律的途径才能解决，它反映的是君主的意志，而不是民众的意志。乡村的一切纠纷都必须诉诸法律，

师爷像

师爷是地方军政长官衙署中司参谋、书记、顾问之职的幕友，不属于国家正式官吏，由官员自行延聘。其中负责钱粮者称钱谷师爷，负责诉讼者称刑名师爷，负责文书者称书启师爷。师爷常代表延聘其的官员，伙同衙吏沆瀣一气，贪赃枉法，败坏纲纪，残害百姓

三 学术造诣

这就导致狱讼繁多，贪官、师爷、书办、衙役、狱卒各色人等皆可以趁此渔利，以其暴而济其贪，吃了原告吃被告，导致老实善良的农民苦不堪言。解决这些问题最好的办法是实行乡村自治制度，让农民自己解决自己的问题。

这些主张是针对秦汉以来的封建主义中央集权政治制度提出来的，它集中地反映出顾炎武作为启蒙思想家反对君主专权独裁和主张变革专制制度的民主思想。

提倡君、臣、民平等

与上述思想相联系的是，顾炎武还提出了君臣、君民平等的观点。他认为君主并不是至高无上的，天子和其他官员一样，只不过级别高一级而已。他从中国古代典籍中找出了大量的事例，来论证君、臣、民政治平等的观念。在儒家学者中，像他这样论说君主与臣民的政治平等，是极为罕见的，它构成了顾炎武政治思想的最富于近代意义的特色。

首先，顾炎武认为"君"的称谓、"万岁"的颂词原本都不是属于皇帝专有，人人可以称君，人臣也可以称万岁。他以大量史料证明，在中国古代礼制中，不仅帝王可以称君，诸侯、大夫也可以称君，而且女儿可以称父亲为君，媳妇可以称公爹为君，妻妾可以称丈夫为君。顾炎武的这些论述，把后世对皇帝的尊称还原为古代社会对普通人的称谓。

其次，他认为天子也不过是国家管理机构中的一个职位而已，为君者不过是在天子这个职位上从事其特定业务，履行其特定职责的一个行政长官。君臣之间的区别仅仅是在于他们在政府（朝廷）这个管理机构中担任不同的职务，各有不同的职位和相应承担不同的职责，但是，他们的职责和宗旨都是为国民服务，是一种职业行为，是他们由此取得薪俸来养家糊口的谋生手段，这和农民以耕作为职业来养家糊口在本质上相同。而天下的主体则是民，民富则国富，人民安乐，国家就会稳定发展。既然君、臣、民是平等的，那么君、臣、民又该如何行事，以实现平等呢？首先是君主对待臣民的态度。顾炎武认为君主应该谦卑待人，君主的谦卑具体表现为言语与行为两方面。他指出在古代有很多君主称臣下为"父母"的例子，因为"父母"二字是高年的称呼。而在君主的言行方面，顾炎武认为先秦时期的国君出行都是采取步行方式，并不会乘车出行，这种步行的行为既是表示对臣民的尊重，也是一种使得自己勤劳而不骄惰的方法。此外，顾炎武还认为国君应该先于臣民，从事通常所认为的最辛苦和最卑贱

商汤
中国朝代更替的模式有汤武革命之说，汤武指商朝成汤、周朝武王。汤武革命指以武装起兵，诛除暴君、废除苛政，建立新朝，应天命而顺人心。后世也把汉高祖刘邦、明太祖朱元璋等不靠世袭权力搞宫廷政变，而是靠征战起家，推翻旧朝、建立新朝等均看作革命

的事务。

那么对于犯了过错的君主,特别是屡次犯大过的暴君,臣民应该如何对待呢?顾炎武借用了《周易》的思想主张革命论。根据顾炎武的解说,商汤讨伐暴君夏桀和周武王讨伐暴君商纣都是革命,其合理性依据在于君主有德则信,无德则可以推翻。这种思想也是继承了孟子所倡导的"暴君放伐论"。这也回到了顾炎武对"国家"与"天下"的区分:"国家"只是一姓之政权,"天下"则是所有民众的天下,涉及整个民族的文化,"天下"比"国家"更为重要,所以具有"保天下"责任的民众可以推翻暴君的统治。

小知识◎孟子的君臣观

孟子认为在天下国家的位置上,"民为贵,社稷次之,君为轻",即认为民心向背为国家政权安危之所系,国君应把自身的利益放在这一前提下来考虑。进而主张:天子传君位于某人,必须得民之认可;国君要实行仁政,"与民同乐",不行仁政的暴君,可以流放、诛杀。商汤之放夏桀,武王之伐商纣,乃诛一独夫而非弑君,应予以肯定。明清之际启蒙思想家提出的"天下为主,君为客"和近代资产阶级改良派均受到该思想的启发。

主要学术著作

顾炎武著书一直铭记着他的祖父"凡天文、地理、兵农、水土及一代典章之故,不可不熟究"的训教,于国家典制、天文仪象、音韵训诂之学,无不探究原委,是中国古代学术史上屈指可数的通儒之一。顾炎武一生著述宏富,涉及史学、地理学、音律学、文字学等各个方面,所著《日知录》《肇域志》《天下郡国利病书》《金石文字记》《音学五书》等书都具有很高的学术价值。

《日知录》

《日知录》为顾炎武积三十余年笔记而成,成书于康熙九年(1670),因随时札记,故以"日知"为名。全书按经文、史学、官方、吏治、财赋、典礼、舆地、艺文等分类编入。书以"明道、救世"为宗旨,是具有百科全书性质的、理论和实际相结合的巨著。

此书编辑耗顾炎武三十余年心血,内容广博精审,每论一事必穷其原委,所以颇得后人好评。《四库全书总目提要》称:"炎武学有本原,博赡而能通贯,每一事必详其始末,参以证佐而后笔之于书,故引据浩繁而抵牾者少。"

《日知录》一书在中国学术史上享有很高声誉,对后世影响甚大。其一是此书所体现的经世致用思想。其二是开清代朴学的风气。此书实为清代考据学的开山之作。顾炎武在编此书时,极为重视原始资料,他将书中材料比作采山之铜。其三是提出了"六经皆史"的观点。顾炎武不迷信儒家经典,他从辨析历史源流出发,对经书亦进行了深入的学术研究,认为"六经"实为古代典章制度的记述,必须还原为史。

这一认识对学术界、思想界震动很大，以后诸多学者（如章学诚、梁启超）都深受此观点影响，大大地推动了中国史学的发展。

《肇域志》

《肇域志》是一部明代地理总志。顾炎武从崇祯十二年（1639）27岁时即开始广泛搜求史籍、实录、方志、文集、小说、邸抄中有关国计民生及舆地沿革的资料，并参以作者游历时的实地考察所得，准备编定《肇域志》。其后因资料繁富，于是将其分别编为《肇域志》和《天下郡国利病书》两种。其中《肇域志》为明代地理总志，"肇域"一词出自《尚书·尧典》"肇十有二州"，意为"全域"。

《肇域志》内容包括地理沿革、形势、城郭、山川、道路、驿递、街市、坊宅、兵防、风俗、寺观、水利、陵墓、郊庙等，有的府州还附有长篇食货或职官的资料。此书具有两大主要特点。一是取材丰富，引证宏博。从内容看，自《禹贡》《山海经》《尔雅》到《水经》《皇览》，从《元和郡县图志》《太平寰宇记》到《明一统志》和各地方志，从官修实录到民间碑刻，都有辑录，保存了大量的珍贵史料。二是许多内容和国计民生关系密切。例如，明代中后期存在比较突出的南倭北虏问题，所以顾炎武对九边都司卫所，关镇堡寨的建置，浙闽沿海地区的岛屿、水寨和哨守十分关切，辑录有关资料很详细。这些都反映出作者的经世致用的指导思想和此书的重要价值与意义。

《天下郡国利病书》

《天下郡国利病书》与《肇域志》一同开始写于明崇祯十二年（1639）。二书原稿共40余册，遭明末之乱，多已散佚，后来续作增补。

全书原无卷数，分为34册，第十四册已佚。后人据之分为120卷，分舆地山川总论和北直、江南、山东、山西、河南、陕西、四川、湖广、江西、浙江、福建、广东、广西、云南、贵州以及边备、河套、西域、交通、西南夷、九边、四夷等地分论。

顾炎武认为治史修志贵在经世致用，因此，《天下郡国利病书》不同于一般的地理书，而是着重载述有关国计民生利病之书，其中探讨有关"人地关系"的思想，比欧洲人早一个世纪。"地脉"和"形胜"把地形和历史发展结合起来。"风土"以气候为主，兼及地形对环境的影响。由于在编书初期，明朝面临清军南下的局面，所以此书对军事地理也比较重视。此书耗费了顾炎武50年时间。

《金石文字记》

《金石文字记》成书于顾炎武晚年。全书共6卷，是顾炎武最重要的一部金石学著作。

全书辑录汉以后的碑刻300余种，按照年代先后依次排序著录，旁征博引，校录异同，对大部分石刻缀以题跋考证。前五卷溯商周迄五代，第六卷识余，收录前五卷成书后所补部分唐宋元题名碑刻，另收录历代碑刻中典型别体文字，汇集成《诸碑别体字》，末有门人潘耒补遗20余通，仿照前五卷体例而成。

此书开创金石学成熟完备的编纂体例，为清代及后世金石学研究提供了科学规范的著录框架。同时，此书还有科学系统的治学方法，将文物资料与文献资料对比印证，受到乾嘉学派高度推崇。

《音学五书》

《音学五书》约成书于崇祯十六年（1643）。包括《音论》3卷，《诗本音》10卷，《易音》3卷，《唐韵正》20卷，《古音表》2卷。

此书是顾炎武古音研究的集大成之作，也是清代古音学研究的奠基之作。

在这本书中顾炎武认为古今语音是不同的，是逐渐演变的，因此研究古音必须使之回到《唐韵》，并根据《诗经》等上古韵文来离析《唐韵》，从而概括归纳出上古韵部。

《音学五书》从理论和实践上奠定了清代古音学大发展的基础，开拓了汉语语音研究的新领域。顾氏发明的离析《唐韵》以求古音的研究方法，给后人以很大的影响，直到今天，我们划分上古韵部的时候，仍采用此种方法。

2. 王夫之的学术成就

王夫之从明朝灭亡的沉痛教训出发,对传统儒学,特别是宋明理学,进行了批评和总结。他在儒学史上的重要贡献在于他以"六经责我开生面"和"推故而别致其新"的历史自觉,对宋明理学及传统儒学从理论上进行了全面的批评和总结。

儒学思想:理气为一、天下唯器

明清易代的历史巨变引发了清初思想的勃兴,明朝为什么会灭亡这个问题成为士大夫反思和考量的焦点,在这种时代背景下,清初学风遂为之一变,在经世致用思想指导下,清初学者展开了对理学的清算。王夫之从儒家哲学的根本问题入手,用唯物主义观点阐明了理气关系、道器关系、知行关系。在给予理学的唯心主义理论基础以沉重打击的同时,也在许多方面达到了中国古代哲学的最高峰。

理气为一

针对程朱理学家"理本气末""理在气先"的唯心主义观点,王夫之提出了宇宙是由物质元气构成的物质实体。他认为宇宙间充满了物质性的阴阳二气,气是原始的物质的根源,在宇宙构成的这个哲学根本问题上,除气之外别无他物,气构成了自然万物,气在宇宙间无处不在、无所不包。这就把程朱颠倒了的物质与精神的关系,重新颠倒过来,建立了超越前人的包括自然观和认识论的较为完整的唯物主义体系。

首先,王夫之继承并发挥了张载"知虚空即气则无"的思想,提出了比较完整的"气一元论"学说。他认为气具有普遍无限性。在宇宙中,上有星辰日月、风雨云雷,下有山川河流、飞潜动植,形形色

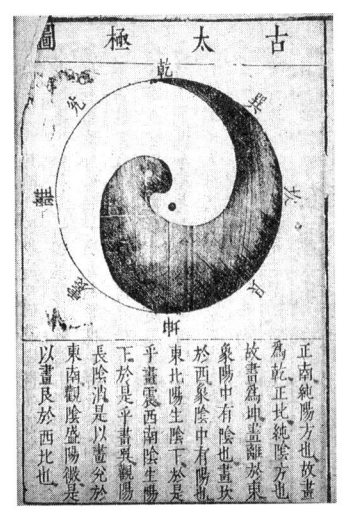

太极图

太极图是中国吉祥符号最原始、最基本的图形,它由黑白两个鱼形组成,俗称阴阳鱼。阴阳是我国古代哲学概念,古人认为世间一切事物皆分属阴阳。凡天地、日月、昼夜、男女、山水、虫兽,以至腑脏、气血皆有阴阳之分。阴与阳既相生,又相克,变幻无穷,遂成万物

色，各有其形态和性质。如此众多的事物，其性质功效，在本质上和现象上都是不一致的。然而，王夫之认为万物的本始都是气。广阔的太虚之中也并非空无一物，虚空也同样充满了无形状的元气，由于人的目力看不见，便说是虚空。其实虚空就是气，有形的物是气构成的，无形的虚空也是气构成的，有形和无形，不过是气的聚散和显隐而已。而理则是气之理，即阴阳二气本身所具有的理则、规范和秩序，象征着气之妙，强调理气一体。这一点不仅针对老庄、魏晋玄学和佛教唯心主义的绝对的虚无论思想，而且也从根本上清算了佛老和王学末流陷入形而上的空谈而脱离道德实践的弊病。

在王夫之看来，气是永恒不灭的，气只有状态的变化而没有生灭。他举例说一车车柴薪点火燃烧，变成火焰、烟雾和灰烬，柴薪烧完，它的组成物木、水、土并未消灭，而是分别回到它们原来存在的形态去了；其中有的物质形态非常细微，人眼不能看见，但绝不是化归无有。水银遇着火，就变成水银蒸气飞散开了，不知到达了什么地方，但它终究要落回地上来，不会消失掉的。他认为自然界这样的转化是十分常见的，一物减少了，其他事物则增多了。那个细微无形、正在孕育变化中的元气就更是这样。这是由客观物质世界自身的性质所决定的，它不可以被创造，也不可以被消灭。多年辛勤劳动积累的成果，不会一朝都化为乌有，这是十分明显的道理。正因如此，就物质性气而言，则只有往来、屈伸、聚散、隐显之分，而没有生灭。佛教宣扬生死辗转，有生有灭，这是荒唐无稽的。在这里，王夫之生动地描绘了物质是不可消灭的，明确提出了物质不灭。该理论早于西方的自然科学家焦耳的能量守恒定律。

天下唯器

王夫之学说最终的落脚点不是在气,而是在道,即他的天人合一的理想。他创立了别开生面的"道器说"。

"道器"是中国传统哲学中含义十分丰富的重要范畴,中国古代哲学史上关于道器关系的探讨,经历了一个很长的思维历程,尤其是自宋明以来,道器之辩一直是各派争论的重要问题,他们常常把"道"理解为规律、常则,而把"器"理解为具体的有形之事物。程朱理学家们更是从理气二分出发引申出道器二物。王夫之总结、反思、批判了宋儒关于道器的诸多论说,提出了自己的道器论,其核心观点是:天下唯器,道在器中。

王夫之给"道"赋予了两个方面的含义:第一,"道"既是"物之所著",即一切事物所共同表现的物质实体;第二,又是"物之所由",即一切事物所共同遵循的普遍规律。所谓"器"是相对于"道"而言的,也具有与"道"相对的两方面的含义。第一层含义,相对作为普遍原则的道而言,"器"便是具体事物。第二层含义,"器"不具有永恒性,而是有成毁朽败,器有大小,各种具体事物("器")是"道"的体现者或承载者,并且承载的量的程度不同,就体现为具体事物("器")有大小的区别。在此基础之上,王夫之深入地阐发了他的"天下唯器,道在器中"的思想。

王夫之首先认为道器同体。程朱理学家们往往把道和器、形而上和形而下截然分开,把"道"认为是超越于器的精神本体。他们这样做的深层缘故,实际上是为了将具有封建纲常思想的"道"视为超越时空、永恒不变的神圣原则的需要。而王夫之则首先认为所谓的形上形下之分是由于人们思考和谈论问题的角度不同所致,其实道器不可

竹简《周易》
《周易》简称《易》,亦称《易经》。是儒家的重要经典之一,冠居"群经"之首。关于道器关系问题,最早来自《周易》。《易传·系辞》中有:"形而上者谓之道,形而下者谓之器。"这可算是对道器关系问题所作的最早阐释

将其截然分离,道和器共同统一于具体的物之中,而物外无道,道在物中。因此在王夫之看来,道和器的相互关系乃相对的,而非绝对的,更非对立可分。道和器是"统此一物"的两个方面,不是截然可分的两个实体。所谓形而上与形而下,都是指就某一具体的特殊对象而言,不能将之分割为二。所以"道"是"器"的道,离开具体的"器",也就无所谓抽象的"道",即普遍原则有赖于具体的事物,离开具体事物,普遍原则将不可能存在。离器言道或离道言器,都是不可取的。

王夫之在阐明道器同体关系之后,还进一步阐明道、器何为根本的问题。王夫之认为不能说先有一般然后派生出个别,只能说一般寓于个别之中,即道是器的道,而不能说器是道的器。他进而提出了"道者器之道,器者不可谓之道之器"的命题,摆正了道器之间的关系,即器为体,道为用,器为根本,道为从属,所谓"器体道用",所以不是事物依存于规律,而是规律依存于事物。

最后王夫之把道器观归结为一个重要论点:天下唯器。王夫之说:"盈天地之间皆器矣,天下唯器而已矣。"天下只具有一个个具体事物,而不具有离开个别的抽象的一般。王夫之对道器关系作了比较正确的

解答，明确肯定了器是体，道是用，道不离器，道在器中，天下唯器，摆正了道和器之间的关系，达到了朴素唯物主义和朴素辩证法的辩证统一。

知行观

知与行是中国古代哲学认识论的最基本范畴，知就是知识、知觉、思想、认识等，而行就是行为、行动、践履、实践。王夫之在批判前人知行观的基础上，提出了自己鲜明的"行先知后""行可兼知，而知不可兼行""知行相资以为用，并进而有功"的知行观。

在王夫之之前，程朱主张知先行后，王夫之认为："知先行后"之说，违背了古代圣贤的言论，能把人引进故纸堆，束缚于脱离实际的知见当中，使人们向书本讨生活，割裂了知和行的统一。他认为知是一种理性的思维活动，而行则是一种感性的实践活动，虽然两者是有分界的，但同时又互相渗透，互相包含，知中有行，行中有知。所以知和行是不可分的，知从行中来，行是知的基础和来源。王夫之利用日常生活中的经验事实来综合论证他的观点，他举例说终日打谱而不与人对弈，是学不会下围棋的，只有在与人对弈的实践中，才能逐渐晓得棋谱中的道理。他又以饮食为例加以证明，他说食物中的味道只有通过饮食才能知晓。因此，知不能脱离行而存在。王夫之反对离行而言知，离知而言行，具有朴素辩证法思想。

王夫之又进一步提出了"行可兼知，而知不可兼行"的观点。王夫之认为王阳明的"知行合一"说，混淆了知和行的界限。他认为只有通过行才能获得知，必须通过勤勉的力行功夫，才能正确认识客观世界及其规律，但不能借口知尚不精确、不完备，而不去行。此外，实践可以检验认识的可靠程度，使认识更加精确，设若在实践中达到了预期的效果，就证明认识是正确的、可信的，否则就值得怀疑。在知和行的矛盾的统一体中，行是矛盾的主要方面，行是二者统一的基础。

虽然王夫之强调行先于知，行是知的基础和来源，但并不否认知对行的反作用，知可以指导行。肯定知与行各有功效，不容混同。他同时又指出，正因为知行相互区别，所以才相资互用。差异性包含同一性，同一性存在于差异性之中，唯其有差异性，才能互相作用。可见王夫之的知行观又具有矛盾的对立统一思想。这是在他以前的哲学家所无法比拟的，他极大地丰富和发展了古代朴素唯物主义和辩证法思想。

小知识◎王守仁的"知行合一"

"知行合一"是王守仁的知行学说，认为知和行是统一的，与程朱学派的"知先行后"说对立。他认为"知是行的主意，行是知的工夫。知是行之始，行是知之成"。行是知的基础、知的目的，知是行的主导，达到行的手段。知行只是一个过程的两方面，切实用力的方面叫作行，认识理解的方面叫作知，两者不可分离。知行合一论批判了宋儒学尚空议、不重践行的学风，倡导政治良知与政治实践相结合，将政治良知贯彻到政治实践中。对一般民众而言，知行合一则意味着处处遵守封建道德规范，做安分的顺民。王夫之批驳这种观点是"以知为行，则以不行为行"。

学术途径：考据与义理并重

王夫之在《诗经稗疏》中说"训诂必依古说"，这是他经学研究的出发点，即在研习经典的时候必须以经典本身为依据，重视实证，这也显然是为了纠正程朱理学和陆王心学空疏不实的学风，也体现了明末清初学者的学术追求。同时他又提出了"义理可以日新"，对经典进行重新阐释。

训诂必依古说

中国古代经学主要有两个基本派别：古文经学和今文经学。所谓古文经，指的是秦以前用古文字书写而经汉代学者训释的儒家经典。古文经学重视字词的训释，有一套系统的训诂方法，比较盛行于东汉，

《豳风图》

《豳风图》，马和之画。此图表现了《诗经》所描写的采桑、耕地、饮酒观舞、拜谒等不同场面。《诗经》编成于春秋时，共305篇，为我国最早的一部诗歌总集，儒家经典之一

对六朝、隋、唐经学影响很大。清代学者继承古文经学家的训诂方法并加以条理发明，用于古籍整理和语言文字研究，成就较大。今文经，指汉代学者所传述的儒家经典，用当时通行的隶书记录，大都没有先秦的古文旧本，汉武帝时立经学博士，所用都是今文经籍。西汉中叶以后，今文经学衰微。今文经学的特点在于发挥儒经的所谓"微言大义"，如董仲舒用《公羊春秋》为西汉的封建"大一统"进行论证。马融、郑玄以古文经说为主，兼采今文经说，破除家法传统，遍注群经，基本上结束了今文、古文之争，使经学上的流派趋于混同。

王夫之认为不从事文字名物训诂，就无以通经，也极为重视汉代以来的古文经学。他继承了汉代古文经学家重视名物的传统，通过从先秦的语言文字、名物习风中求得确切的含义，进而来解释经典的文本意义。他反对宋明理学对儒家经典的割裂，尤其是陆王心学对经典的轻率态度，更反对对经典作任何臆测，他认为这是在侮辱圣人之言，主张对儒学经典持一种敬畏的态度。

如《诗经稗疏》是王夫之专门研究《诗经》名物训诂之作，在书中他使用了以形求义、因声求义、比较互证、目验和统计等训诂方法。而在此前对《诗经》的相关训诂著作中很少应用到这些考证方法。正是应用了这些方法，使《诗经稗疏》在前人的基础上得到进一步完善。王夫之的经学考据的著作面世以后，即为当时和后世的儒学家所推重。四库馆臣在《四库全书总目提要》中称《诗经稗疏》"皆确有依据，不为臆断"，可"补《传》《笺》诸说之遗"。《传》即《毛诗故训传》，《笺》即《毛诗传笺》，这两本书都是汉代古文经学的权威之作，后世无不高山仰止，王夫之能补充它们的疏漏，确属不易。又如其《春秋稗疏》一书，清代中叶崇奉汉学考据的四库馆臣更是称"考证地理者居十之九"。

义理可以日新

王夫之虽然主张"训诂必依古说",但并不是说治经要拘泥旧说。恰恰相反,他同时提出"义理可以日新",这是王夫之经学的另一精义所在。他认为,辨正名物训诂是入手处,探求其中的义理则是目的。在辨正名物训诂上下功夫,目的在于使探得的义理是确实可靠的,而不致成为无根的臆说。最终重释经典,使经典的时代性得到新的发展,获得新的生命。从王夫之的著作成书的过程来看,关于经学考据的著作成书一般早于解释经学义理的著作。

康熙八年(1669),隐居的王夫之新建一屋名"观生居",并题写对联称"六经责我开生面,七尺从天乞活埋",意思是"六经"要我打开思想理论的新局面,为达到这个目标,自己的七尺身躯死而无憾。换句话说,王夫之认为自己担负着以"六经"为基础,创建新的理论体系的历史责任。

"六经"是儒家的六部经典著作,即《诗经》《尚书》《仪礼》《周易》《春秋》《乐经》(由于《乐经》没有流传下来,所以常常说是五经)。汉代儒家被列为"独尊"的地位,武帝时"五经"都列于学官,得立博士,成了国家所规定的与政治权力相结合的思想意识指针,"五经"也就成为全国必须崇奉的经

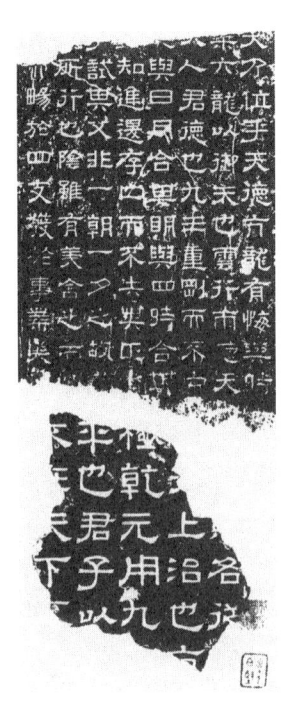

熹平石经

熹平石经是东汉碑刻。熹平四年(175),由蔡邕主持,将儒家经典《鲁诗》《尚书》《周易》《仪礼》《春秋》《公羊传》《论语》等刻成46块石碑,立于太学前,由蔡邕等人书写。为我国历史上最早的官定儒家石经本

典。而且以后各朝各代都把儒学作为官学，儒学的经典著述也就越来越尊贵，神圣不可侵犯。除上述六经外，后来又有人把其他儒学著述也加入"经"的行列，于是有"九经""十三经"之类的称号，不过"六经"是最古老的、最根本的儒学经典，因此常作为儒学思想体系的代表。王夫之亲历了明清易代"天崩地裂"的时代，作为关心国家命运、追求安身立命理想的儒学家，他认为训诂必依古说，但不盲从旧说，对儒家的经典文本进行了独特的诠释。

王夫之从儒家经典出发，结合明清之际的社会巨变，创建了一套新理论。于《周易》，他批判王弼、佛老、理学重道轻器的同时，结合《周易》道器思想，提出"天下唯器"的道器观。于《尚书》，他批判佛学的"所知"依附"能知"，提出"能必副其所"；他还批判理学知与行对立或混同，提出"行可兼知"的知行论。对于《仪礼》，他不讲宗法等级，专言务实躬行，在一定程度上摆脱了传统礼制与礼教的束缚，使传统礼学由封建纲常走向人性自然。对于《诗经》，他批判理学把诗歌中的情感活动看作害道蔽情的人欲，提出了"真情""以性节情"的性情论。王夫之也反对将"理"与"欲"对立起来，他承认"欲"存在的合理性。由人的自然本性产生的喜、怒、哀、乐也是属于"情"的，和社会伦理道德并不相矛盾、相排斥，这些存在都是天之常理。

王夫之对经典义理的重新阐释还较为明显地反映在他对《春秋》中"夷夏大防"的阐释中。针对满族入主中原对汉人实行剃发易服、圈地、缉捕逃人的民族压迫政策，他结合《春秋》中提出的"夷夏大防"，提出了以文化判夷夏和夷夏可以互变的观点，即"夷夏大防"不在于人禽，不在于种族，而在文化，即礼的有无和存亡。他认为人和禽兽的差异，在于有没有仁智，夷夏之别，别于礼义。王夫之认为

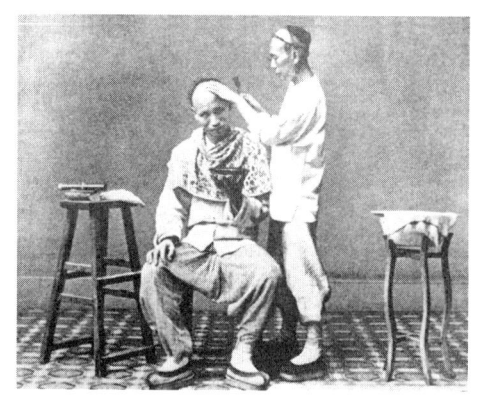

清末街头剃发的摊位和剃头匠

满族的习俗是将男子头顶四周的头发剃去寸余,只留顶后中间长发,编成辫子,垂于肩背。清军入关后,强迫汉人废弃明代衣冠,依从满族习俗剃发易服。在这一同化服饰的强制过程中,各地汉人激烈反抗

人人都有仁智,但社会不一定都有礼义,夷夏之分就由此而产生,从本质上说,夷与夏的区分是以社会的文明为尺度的。王夫之进一步指出,文明也有进退,夷和夏之间的区分不是一成不变的,文明程度比较低的民族如果发展其文明程度,则可以跻身为华夏,反之,则夏也可以沦为夷狄。

除了"五经",王夫之还对"四书"进行了系统的批判。由于"四书"是宋明理学的经学基础,朱熹的《四书章句集注》是元明法定的取士教科书,在元明两代近四百年的思想统治中居于主导地位,对两代士风、学风和社会风尚产生了深刻影响,也是王夫之所在的时代最有影响的经学注释著作。王夫之反思传统,用新的眼光考量理学,于"四书"用力最多,关于"四书"的著作达200多万字,在其经学著作中几近一半,研究也更具经学、义理学特征,其中最为突出的是对"格物致知"的重新定位。

王夫之批判传统文化所取得的最大理论成果,是他建立了一个极富批判性和时代精神的哲学体系。他对理学格致说的批判总结及其在

此基础上建立的认识论体系，便是这一哲学体系的重要组成部分。格物致知是儒家认识论的一个重要命题，从宋代开始，许多学者基于不同的哲学立场对它作出了不同的解释。程朱解释为"言欲致吾之知，在即物而穷理也"，以"格物"（接触事物）为"致知"的方法，但又说目的在于启发内心直觉而达到"一旦豁然贯通"的境界。王夫之则把"格物"与"致知"理解为感性认识与理性认识的辩证关系，他认为格物应当以探寻考察外物为主，致知则应以理性思辨为之，二者相济相辅，是认识过程的两个阶段。他的观点使格物致知和知行成为真正具有独立性的认识论范畴，达到中国传统哲学认识论的最高理论水平。

历史哲学：理势合一

清初学风的一个最为显著的特征，就是倡导经世致用而反对束书不观尤其是坐而论道的空谈性命义理之学。王夫之痛定思痛，认真研究古经，援汉入宋，合考据于义理，以恢复经世致用之学，提出了自己鲜明的"行先知后""行可兼知，而知不可兼行""知行相资以为用，并进而有功"的知行观并付诸实践，在对历史问题进行深入研究后提出了一系列的社会政治改革的思想和主张。

史学经世

王夫之在学问上虽非以史学见长，但对于史学也颇有造诣，并且他也是倡导"史学经世"论的重要代表人物之一。

经史之学的分野，在汉魏时期就已很明显。随着理学的兴起，经史关系开始受到理学家们的重视，以二程和朱熹为代表的理学家们，强调读经穷理,置经学于一切学术之上,认为史学是经学之婢女,只有以经为本,从"六经"中汲取天理而后读史才会有效果,不肯将经史等量齐观。这种经史观,对学术的影响是非常深刻的,士子们以背诵程朱的章句为要务,学风渐趋拘泥僵化。

但到了明末清初,士大夫普遍对于游谈无根、崇尚玄虚之风深恶痛绝,因而为学要以经世致用为目的遂成明清之际学者的共识。王夫之在这种大环境下,生平治学也尊经重史,不仅博通诸经,而且精研诸史,并努力打通经史之间的界限。在王夫之看来,"六经"更多的是经孔子删述过的三代以上具有指导意义的历史文献,而非所谓的先验的、抽象的天理。或者说"六经"所载的就是上古的历史,与《左传》《史记》等史书所不同的是"六经"所载全是上古帝王、圣人之史。

王夫之还认为,史学就是经世致用之学,要能使人获得前人的经验教训,以应用于当前的实践,否则史学就失去了存在的意义。例如,王夫之十分赞赏司马光《资治通鉴》的命名,他在《读通鉴论》中,专门以一节详细解释自己对"资""治""通""鉴"四字的理解,

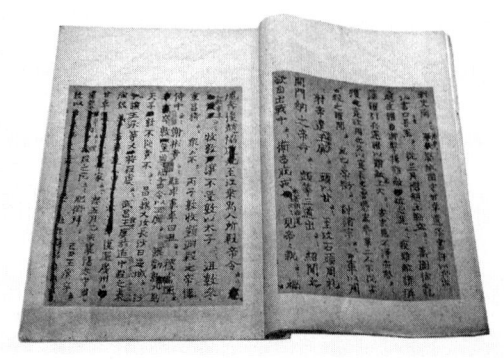

《资治通鉴》手稿影印本
《资治通鉴》是我国第一部编年体通史,北宋司马光撰。记战国周威烈王二十三年(前403)至五代后周世宗显德六年(959)共1362年的历史,全书体例严谨,结构严密完整。所作《考异》,逐条说明史事异同及其取舍之由,建立了一套优良的考史方法,极受学者推崇

集中表露出他对从读史中获得历史借鉴的重视。他尖锐批判了"玩物丧志"的读史态度，认为读史并非仅仅止于知道历史上的善恶美丑并感慨一番而已，关键的是要从中取资而反思，在了解历史发展全过程的基础上，在治乱变化中总结出可供现实斗争效法的经验教训，为现实社会实际服务。

王夫之的史论著作很多，如《尚书引义》《春秋家说》《春秋世论》《读四书大全说》《诗广传》《黄书》等，虽名为"说经"，但其中都有关于古代历史的评论。而他晚年所写的《读通鉴论》，则是其最重要的史论巨著，在这部书里他依《资治通鉴》所叙史事，品评自秦至五代的历史事件和人物，而其实际所论则囊括了自先秦至其所在时代的中国历史，通过撰史和读史表达自己对历史、现实以及史学自身的思考。

事随势迁

由于力主经世致用，治学有鲜明的实践目的，王夫之的史论就具有深刻的政治意义。首先是他的事随势迁的历史发展观，王夫之对一些具体的社会制度，诸如封建、学校、乡里选举、土地制度、兵农合一乃至肉刑、职田、什一税等进行了分析，强调政治制度随时代条件的变化而必然发生变化。他根据"天下唯器"的观点指出社会历史在发展，"器"在变化，依存于"器"的"道"也必然随之而变。因此，从事任何活动，都必须就事论法，因时制宜。历史就是在趋时更新和革命改制中前进的。

他认为古往今来，人类社会发生过许许多多的大小变化，这种变化表现为治乱、离合、损益的变化，任何朝代和社会都不可能永远维持统一、稳定的局面，相对稳定中蕴含着动乱的因素，积累到一定程度就必然会打破稳定,破坏原有的平衡。同样,任何动乱也不可能永远不息,否则人类必将灭绝。经过一定的动乱之后,社会又将重建其秩序,出现新的统一与稳定。文明就是在这种治乱离合中进步的,中国历史也是由野蛮而日趋文明,逐渐形成了以"华夏"为中心的政治传统和文化传统。

天人合一

就历史的发展动力这一问题,王夫之也有他独到的看法,即天人合一的历史动力观。他认为,历史与社会的发展不是"天"单一决定的,也不是人独自完成的,而是天人合一,二者共同作用的结果。王夫之认为,事物内在规律的运行应称其为"天","天"在历史运行当中体现为一种内在规律的显现及应用,并显现出很强的支配性,但不是直接推动历史的运行,直接推动历史运行的是人。人的作用首先在知天,天掌管吉凶消长的规律,人则要据此治理人事。人要通晓治乱得失,就要知天,要了解事物运行的规律和条件。只有知天,才可以既保护自己又正确控制局势。历史的发展既不能离开天,也不能脱离人。他举例说西汉时期,汉文帝早知吴王刘濞将反,但此时国力不强,而吴王刘濞正处于鼎盛时期,就避其锋芒,采取了缓兵之计。等到国力强

汉文帝至细柳慰劳周亚夫军队

周亚夫是西汉名将,周勃之子。文帝时为河内太守,封条侯。匈奴入边,率军驻细柳(今陕西咸阳西南),军令严整,被文帝誉为"真将军",不久拜为中尉。吴楚七国发动叛乱,周亚夫以太尉领军,三个月平叛。

大时，吴王濞已老，其势力已衰退，此时再消灭他。汉文帝正确处理与吴王濞的关系就是做到了知天。王夫之的历史动力观不仅深入分析了社会历史发展变化的内部原因，而且还触及历史人物的人性层面，这种观点比历史上只注重天的决定作用的观点更加进步，这也是王夫之思想高于时代的表现。

理势相成

在以天人合一的力量推动历史发展的状态下，历史不断前进。但这种前进不是随机无序的，而是有规律可循的，即"势"。"势"就是事物发展过程所体现的趋势。王夫之在宇宙观上提出了"理依于气""气无非理"的气一元论观点，由此而推衍到人类社会。他认为，历史按照自身的规律发展，不以人的意志为转移，人只能按照规律来"造命"，而不能违反规律以"逆命"。历史发展的规律就是"理"。他认为"理"和"势"是统一的，当然和必然在历史运行系统中呈统一状态。王夫之曾对贾谊的分封之说大加批判，他分析汉初的形势，认为汉初如果行分封必不能长久。再例如三国时期的诸葛亮和姜维，为实现先主大业北进中原，虽屡次失败仍不断坚持。王夫之分析三国局势，将汉与蜀对比，认为历史是发展的，汉代不会再次兴起；蜀不敌魏，也是历史发展的大趋势。诸葛亮、姜维虽一再坚持，也不可能逆转历史发展的趋势。

小知识◎天人合一

"天人合一"是中国古代哲学中关于天人关系的一种观

点，认为人和人伦道德的根源或根据在于天，人伦道德有着宇宙的意义。主张这种观点的儒学家很多。但是在不同的儒学家那里，"天人合一"命题的内涵往往有极大的差异。如孟子认为，人所以为天下贵，在于人之心性与天相通。董仲舒把天视作百神之君，认为天按照自己的模式创造了人的形体、精神、道德，人只是天的副本，提出了天人相副、天人相类的观点。而程朱理学家从理、心、性等方面加以论证：就"天理"而言，天、人都是它的体现，本来就是一个东西。

主要学术著作

王夫之一生，对天文、历法、数学、地理都有研究，而在经学、史学、哲学、文学领域里造诣最深。王夫之是位十分高产的学者，一生著书100多种，见于著录的有88种，计390卷，其中70种收入《船山遗书》，主要有《读通鉴论》《周易外传》《读四书大全说》《黄书》等。

《读通鉴论》

《读通鉴论》，共30卷，810篇，60余万字。成书于清康熙三十年（1691）。为王夫之史论之代表作，由于清初文网甚密，此书在王夫之生前及殁后约四十年皆未公开流行于世。

《读通鉴论》内容十分广泛，王夫之以司马光《资治通鉴》为根据，上自秦始皇，下迄五代，旁及宋元明，分秦始皇、汉高帝、景帝、明帝、三国、晋惠帝、宋武帝、梁武帝、隋文帝、唐高祖、唐太宗、五代等目。对社会政治、经济、军事、文化、民族以及意识形态等方面的问题作了论述。

王夫之在此书中每论史事或阐明典制变迁，或抨击利弊得失，阐述"势、理、天合一"的历史观，提出历史进化论观点，反对历史循环论和复古论，否认"正统"观念，认为研究历史的目的在于从历史中吸取教训。他强调华夷之别，意在反清。此书对后世影响甚大，被誉为"经世家之史论"。

《周易外传》

《周易传传》，共7卷，每卷又分若干论，共145论。撰于清顺治十二年（1655）。其时作者正避难于晋宁（今常宁）山寺。

此书不是严格的经解体著作，而是一部借论述《周易》来阐发哲理和抒发政治抱负之作。认为"象外无道"，"天下唯器"，"无其器则无其道"，"据器而道存，离器而道毁"，万物运动"不息不滞"，在此书中王夫之已经建立起一个较为系统的朴素辩证法与朴素唯物主义的哲学体系。

此书较系统地发挥了朴素唯物主义与辩证法的思想，尤其是"天下唯器"的命题，对中国近代资产阶级启蒙思想运动产生过重要影响。清末谭嗣同即由"道不离器"获致"器既变，道安得独不变"的结论，从而为变法维新提供了论据。

《读四书大全说》

《读四书大全说》作于清康熙四年（1665），为王夫之读明代胡广等所纂《四书大全》的札记，借用其中某些命题阐述己见。卷一论《大学》，卷二论至卷三论《中庸》，卷四至卷七论《论语》，卷八至卷十论《孟子》。

王夫之在此书中对宋元诸儒及明人的学说进行评论，阐述自己的

三　学术造诣 | 75

学术见解。他指斥佛、老为异端，在理气、知行诸问题上，提出不同于程朱、陆王两派的主张。他认为"气"为世界之本原，理为气所派生，人欲为合乎天理之自然。他提出以"行"为基础之知行观和"在势之必然处见理"。

《读四书大全说》是王夫之思想成熟时期的代表作之一，观点鲜明，立论准确，在中国哲学史上有重要意义。

《黄书》

《黄书》，共1卷，共收入《原极》《古仪》《宰制》《慎选》《任官》《大臣》《离合》等7篇论文，并附《后序》。为王夫之早期的政论著作。

此书总结明王朝覆灭的教训，充满了批判封建专制制度的思想和民族主义精神。王夫之认为君位"可禅、可继、可革"，反对"孤秦陋宋"。他反对"私神器"的专制主义，突破了传统的君臣纲常，并提出兵民分治、加重府权、选贤任能、关心民瘼等方针策略。全书反映了王夫之坚持民族气节，维护民族独立，反对民族压迫的立场。

此书在清末资产阶级革命时期广泛流传，其中批判封建专制和发扬民族主义的思想起到了积极作用。

《噩梦》

《噩梦》，共1卷，作于清康熙二十一年（1682）。因王夫之心知其中的主张无法实现，故名之曰"噩梦"。《噩梦》共56章，每章讨论一个问题，就事论事，各自成篇。

此书主要针对明末社会积弊，就田制、赋役、财政、吏治、军制、科举等项，一一稽考古制，评论得失，提出改革意见。如关于土地私有制，王夫之提出了土地民治论，指出土地是自然的产业，人人有权享有，而不是君王的私产。他提出为官应当负责、清廉，科举考试应引导士人学习经世致用之学，皇帝应分其权给文武大臣等主张。《噩梦》为王夫之重要的政治著作。

《张子正蒙注》

《张子正蒙注》，共9卷，写于康熙二十四年（1685），重订于康熙二十九年（1690），是王夫之哲学思想的代表作。

王夫之十分推崇张载之学，曾自题《墓志铭》曰"希张横渠之正学而力不能企"。此书以注解张载《正蒙》的形式来阐发自己的思想。书中继承和发扬了张载的"气一元论"思想，并由此出发，在伦理思想上，坚持理欲合性，强调天理与人性合一。

此书是王夫之的主要著作之一。他继承和发展了中国古代的"气一元论"思想，尤其是继承了北宋张载"一物两体"的观点。他把运动看成物质的属性，认为运动是永恒的，这种"运动永恒"的观点成为维新变法的理论依据，在中国近代史上有深刻的影响。

北宋理学家张载

张载，凤翔郿县（今陕西眉县）横渠镇人。北宋哲学家，曾任崇文院校书等职。讲学关中，其学派被称为"关学"，为理学四大学派之一。提出"太虚即气"的学说，批判佛、道两家的"空""无"。他哲学中的唯物主义部分，对后世有很大影响

3. 黄宗羲的学术成就

黄宗羲在清代前期就与孙奇逢、李颙并称"国初三大儒",誉满海内。他对史学、经学、天文历法、数学、律吕、舆地、诗文及版本目录都有研究。他论学反对明末空洞浮泛的学风,倡言治史,为清代史家之开山祖。尤其是其晚年讲学不辍,使得清初浙东经史之学大盛,人才辈出。

儒学思想:经世致用

明清之际,"天崩地坼",当时学者大多致力于救正阳明后学的流弊,重道德践履与经世致用,学术则由王学转向朱学,再由朱学转向考据之学。黄宗羲是明清经世致用思潮的主要推动者之一,他在政治思想、史学方面的贡献对明清经世思想的推动尤为突出。

经学

黄宗羲明确强调做学问必先穷经,经学可以经世,不通经,便是迂腐之儒。黄宗羲的崇实致用意识，源于他对社会、对真理的责任感。他深感由于科举取士制度的引导，当时士人读书大都以"四书"为主，甚或连朱子的《四书集注》也都不太读；即使读经书，也只读应付科举考试的一经；即使是一经，也不读《五经大全》的注。他认为这实质上是否定经文的客观性而奉官定的诠释系统于一尊，是典型的功利主义学风。

黄宗羲反对独治一经或者寻章摘句的学风，他认为"五经"是一个整体，因此必须把它们作为一个整体来研读。在讲经、治经时，黄宗羲并不以官方钦定的注解为圭臬，他主张"以经解经"，从经文客观性的立场出发，把宋元注疏与《五经大全》《四书集注》等放在一起对读，避免被一家之说所拘束。同时，他认为，研治一经或任何一

《四书集注》
《四书集注》全称《四书章句集注》。南宋朱熹撰，是对《论语》《孟子》《大学》《中庸》的分章注释，注释重在义理，不重训诂，于天理、人性、格物致知、道统等问题和政治教育方面阐发尤详。元、明、清封建统治者推崇理学，将此注本定为科举取士的必读书

段经文，都不要孤立地看，探究经的义理时必须以整体为语境，不能随意抽取一段经文断章取义。

除了上述观点外，黄宗羲还将自己在经学上的观点付诸实践，在复兴经学方面做出了卓著贡献。1667年，黄宗羲在绍兴复兴"证人讲会"，开始系统地讲学。1668年，黄宗羲到达甬上讲学，到1675年，黄宗羲主持甬上讲经会达8年之久。在宋明时期，经书实际上被边缘化了。黄宗羲所主持的讲经会及所提倡的经学思想恢复了经书的地位。同时，黄宗羲主持的讲经会破除了朱子理学对经义的独占。官方钦定《五经大全》和《四书集注》，赋予了朱子理学对于经义的专有解释权。黄宗羲主持的讲经会打破了这种专权，他搜集各种注疏，并在各种诠释间衡量拣择，选取最合于经书原意的解释。

史学

黄宗羲认为学经必须同时学史，通过通经治史来明道救世。黄宗羲在史学方面建树颇多，影响深远，是清代浙东学派的开山祖师。对此，梁启超曾言"梨洲学问影响后来最大者，在他的史学"。而在黄宗羲的治史生涯中，经世致用的史学思想始终贯穿其中。

黄宗羲对于社稷沉沦有切肤之痛。一方面，他作为明朝遗民怀念故国，痛感有义务保存故国文献，为明朝留下信史；另一方面，作为史家，他意识到有责任认真研究自己非常熟悉的并有过亲身经历的明代历史。这样，"遗民"与"史家"的双重身份促使其极为重视明史研究，以寄寓自己的经世之志。黄宗羲曾言"国可灭，史不可灭"。他广泛搜集明代诗文、掌故、野史、笔记、遗闻、逸事等史料，最后辑《明文海》482卷，纂《明史案》244卷，编《明儒学案》62卷，集南明《行朝录》9种。对当时和后人在该方面的研究具有非常重要的史料参考作用，甚至对清代官修的《明史》提供过间接甚至直接的帮助。

黄宗羲主张研究有关国计民生的史事，反对雕虫小技的烦琐史学，在其代表作《明夷待访录》中，黄宗羲提出了许多与现实相关的重大问题。如反对君主专制，提倡民主权利；反对农为本、工商为末，主张工商皆本；等等。黄宗羲还认为要吸取历史经验教训，为现实服务。在这一思想指导下，黄宗羲治史的特点，就是把重点放在宋、元、明三代的研究上，特别重视明代政治史和思想史，特别注意对历史上"治乱之故"的总结。例如他总结出明亡最重要的原因有三：异族入侵、宦官之祸、空疏学风。此外还有重武太过、建都失策、兵制及科举弊病，等等，希望对后世起到警醒的作用。

他在对治乱原因的探索中，还提出了一套社会改革方案：通过设置丞相、倡导君臣平等、发挥学校与法治的作用来限制君权，主张工商皆本，发展社会经济。此外，对军事制度、货币制度、边防政策、人才铨选等方面也设计了改革蓝图。这些认识是他从大量历史事实研究中，特别是从明朝覆灭的教训中总结出来的，是其经世思想的集中体现。

自然科学

在经世致用思想的指导下，除了经学、史学外，黄宗羲还致力于天文、地理、数学、历法等自然科学的研究，把学术研究的范围扩大到自然、社会和思想文化领域。黄宗羲认为兵、农、天时、地理和物理都属于"经世致用"之务，黄宗羲本人也始终没有间断过科学研究，他年轻时就花了近10年工夫钻研科学，甚至后来还对庐山进行考察，对庐山五老峰的形成及成因作科学的探讨。

黄宗羲在科学上的兴趣是多方面的，成就也相当卓越且多具影响。在天文历法研究上，黄宗羲十分重视历法的实用性。他认为天地之变化是编制历法的客观依据，而只有反映天地之变化的历法，才会对民生日用起到实际的效用。他把历法是否符合天象实际、有无实用价值，作为判断历法好坏的一个重要标准。黄宗羲还强调历书编写形式的实用性。他十分推崇《崇祯历书》，在贯通中西诸历的基础上，黄宗羲为南明鲁王政权编制了《监国鲁元年丙戌大统历》和《监国鲁五年庚寅大统历》。他共编著了《春秋日食历》《大统历推法》《回回历法假如》等11种相关著作，其中有些是他新编的历书，有些是他对旧历法著作的讨论。在数学上，黄宗羲深刻地认识到数学是人类用以探索自然现象规律的最有力工具，提出"借数以明理"的命题。黄宗羲还亲身从事于数学研究工作，著有《勾股图说》《开方命算》《测圆要义》《割圆八线解》《气运算法》等5部数学专著，在其他著作中也会用到大量的运算推理。在生物学上，黄宗羲著有《小园记》，这是定向培育原理在园艺上的应用。黄宗羲还有《获麟赋》，他把麒麟的产生归结为母牛在与异物交合时感受了"和气之氤氲"之故，并在肯定某种模糊的遗传律基础上，把变异的原因归结为外在的特殊环境的影响，这种认识在当时是相当科学而且深刻的。此外，黄宗羲在物理学和地理学上也有较为独到而科学的见解。

黄宗羲对西方自然科学也体现出一种实用的态度。自明万历以后，随着传教士的源源东来，西方的天文学理论和先进的天文仪器也传入了中国，对中国的传统历法产生了很大的冲击。对西方科学技术的传入，明清之际的中国士大夫中，像徐光启那样能够虚心学习、善于总结的毕竟是极少数。黄宗羲的老师刘宗周对西学也是持全盘否定的态度，黄宗羲则与其师和世俗的主流社会的主张大相径庭。他虽然对西方天主教持批评态度,但对西方科学技术,则持一种科学求实的态度。如他认为西洋历法优于中国旧历,可以借以发扬中国传统科学。因此,在明末修历问题上,他十分赞赏会通中西的方法。

黄宗羲的倡导科学,对后人尤其是浙东学派的思想和学术产生了巨大影响。浙东学派内部除专治科学者如黄百家外,即以经史之学见长者如万斯同、万斯大、全祖望及章学诚等也通科学。他们不仅对科学有着深入的理解,而且在思想和学术上也处处渗透着科学的影响。

小知识◎明末清初的西学东渐

明末清初西学的东渐,是随着15世纪末16世纪初的世界地理大发现而来的西方文化的东传。自明神宗万历十年(1582)意大利传教士利玛窦东来布道,至清雍正元年(1723)下令驱逐西方传教士为止,出现了一次颇具规模的中西科技文化交流的大潮,大量的西方科学知识传入中国。当时来华的耶稣会士很多是有素养的舆地学家、语言学家和其他实用科学家,在传教的同时也把欧洲文艺复兴时期发展起来的科学文化介绍给中国。仅明末就有7000部西方图书传到中国,传教士与中国学者合作译著了大量宗教和科学书。

学术途径：对宋明理学的总结

作为一个具有自觉儒家道统意识的学者，黄宗羲对宋明理学进行了全面的总结和批判，并在批判中试图对其进行改造，以整合出符合时代启蒙精神的哲学思维。在理气关系问题上，黄宗羲主张理气合一于气的"气本论"，在理学人性论的研究上坚持"性善论"。同时，黄宗羲不仅是一个儒学家，还是一个儒学史家，通过一些历史学著作对宋明儒学进行了总结。

理气观

黄宗羲曾说过"理气为学之主脑"，而理气观所涉及的，主要是"本体论"和理气关系。在"本体论"上，黄宗羲认为气为宇宙之本质与起源，天地间的唯一实体是气，而不是理；理作为气的自有条理，是气升降往来的运行规律，不具有实体的意义，因而也不是世界万物的本体。这是因为，从实体的角度来说，气总称天地万物，是天地间的唯一实体；从本体的角度来说，气的升降往来，决定着世界万物的变化，是世界万物的本体。这种观点反对朱熹的"理"为宇宙之本质与起源。他的这种"气本论"，直接的来源是他的老师刘宗周，刘宗周一直就强调气为世界之本原的思想。

在理气关系问题上，黄宗羲主张理气

朱熹
朱熹，字元晦，一字仲晦，徽州婺源（今属江西）人。在哲学上继承二程，是宋代理学的主要代表人物。他认为"天地之间，有理有气"。"理"是"生物之本"，是产生万物的本原；"气"是"生物之具"，是构成万物的材料

合一，以理气"一物两名"为原则，对宋明诸儒的理气关系论作了全面的总结。黄宗羲指出万物运动变化者谓之气，而如是运动变化规则者即为理，气与理"非两物而一体"，倒是"一物而两名"。这样既提出了气是事物的本原，理是事物运动的规律，是事物同"一体"的两种属性；同时，他也否定了气与理为独立存在的"两物"。进而表明，作为万物变化规律者的理，不能独立于万物本原的气而存在；而作为变化运动的气，也自然不能没有其应有的运行规律。他认为程朱理学坚持的"理生气"犹如佛教宣扬在天地之先还存在一个无形有神的造物主一样荒谬。

从黄宗羲的理气"一物两名"的来源来看，黄宗羲是在张载以来的"气一元论"思想上进行了提升和总结。张载的"气本论"中已含有理是气之条理的想法，但尚未明确地表述出来。黄宗羲明确批评程朱儒学的"理一元论"，又认真总结和发展了宋明以来对"理本论"的批判，在承认气为宇宙本体的前提下，提出理气"一物两名"的理气关系，比较好地阐明了理气间有不可分割又有区别的统一关系，是自张载以来有关宇宙本体论方面的十分重要的理论总结和发展，也为唯物主义的理气关系说做出了历史性的贡献。

人性论

人性论问题也是儒家的基本命题之一，孔子首先提出"性相近也，习相远也"的人性命题。战国时期，关于人性的学说在儒家内部分化为很多派别，比较有代表意义的是孟子的"性善论"和荀子的"性恶论"。此后，儒家在人性论上也众说纷纭，如扬雄综合孟子、荀子的思想，提出"性善恶混"的观点。唐代韩愈把人性分为"性"与"情"两方面。宋代程朱理学家发展了先儒特别是孟子的人性学说，"性善论"占据主流地位。

黄宗羲一直坚持"性善论",当然,他的"性善论"完全是在气质之性上立论的,而与程朱理学以天命之性为纯善之理根本相对立。性,在理学家看来,其实就是天道、天理在人身上的体现,人性就是天命。而性本善的根据就在于人性是天命的体现,是天理。但恶也是现实存在的,恶又从何而起呢?又该如何调和人性善与现实的恶之间的矛盾呢?

　　在理学家看来,天地之性是天理,是至善的;而人的气质之性,因为气质不齐,有清浊之分,这种清浊之气与天理相结合,就导致了善恶的分别。在黄宗羲看来,这种"天地之性、气质之性"的说法,实际上就是"理气为二"的翻版,因为气与性,实际上就是理与气的关系,

《绘图增注历史三字经》
《三字经》相传是南宋学者王应麟编撰的,用三言韵语写成。通俗地叙述了孔孟儒家伦理思想:"人之初,性本善;性相近,习相远。"它是我国蒙学教材中最有代表性也最著名的一种,流传时间最长,流传范围最广,影响也最大

将理看作是善的，将气视作是有善有恶的，是将理气割裂。而黄宗羲自始自终都是一元论者，始终坚持理气合一，理不离气，从这个角度来说，性也只有气质之性，并没有天地之性的存在空间。

黄宗羲将善恶的问题都归结在气上，他非常赞成孟子的"性善论"。他认为，性即是一气流行之中和条理。对人而言，心即气，性则是心体（气）流行之条理，因此理气实为一元之物，其区别只在于后者尚待涵养扩充，仍须一段"养气"功夫。而性原本是善的，其变为恶，则是由于受坏习惯的影响所致。因此，后天的学习就是要防止坏习惯的养成。他不仅认识到人坠地后的习染对人之善恶的影响，而且还认识到胎教也是后天"习"之一部分。他的气质之性纯善论并不是从生理禀赋上立论的，而是要求重视后天习染以保持"人之气本善"。

黄宗羲对人性问题的解释在某种程度上扭转了当时理学贬斥气质之性、崇尚空谈性命之理的学风，这在当时是有积极意义的。

对理学的总结

理学从周敦颐开始算起的话，到明末为止，经历了几百年的发展，涌现出诸多大儒。黄宗羲以儒家学者高度的社会责任感与使命感，分析总结了宋、元、明史上学术发展的脉络，对理学不同学派不同学术人物的思想承继关系作了条分缕析的整理与构建，撰写了《明儒学案》和《宋元学案》（未完成）两部著作。尤其是《明儒学案》一书反映了黄宗羲的为学宗旨，也为后来学术史著作提供了范例。

作为一个典型的儒家学者，黄宗羲基于儒家学者的立场对既往的学术发展进行研究与追溯，并有自己的学术观点。他所写的《明儒学案》一书，不仅总结了明代理学的历史，更宣扬了"新王学"，试图用修正的"王学"再次充当学术思想的先锋。但在点评批注各家时，黄宗羲持一种公允的态度。黄宗羲在编撰《明儒学案》时明确提出必须对历史上各个学派、学者、学术成果进行客观公正的评价,其中不能夹杂个人的好恶,也不应该有门户之见。他的明代学术研究,基本上将儒家中的各家学术涵括在一起。他也反对将理学独立置于儒学的正统地位。

黄宗羲力图把有明一代的理学思想完整地展现在世人面前,在取材上兼容并包,在资料的收集方面也不遗余力。为了写《明儒学案》,黄宗羲遍览明代文献,选编了《明文案》,后在此基础上增为《明文海》。在写《宋元学案》时,又编辑了《续宋文鉴》《元文抄》,做了大量的材料收集工作。为了做到对各个学派兼容并包,黄宗羲在写作的过程中不论其学术倾向如何,都酌情收录,共立19个学案,收录学者200余人,除王守仁的心学以外,还有关学、东林、蕺山等学派。有的学者在师承上不明或不可强附师门,则统归于《诸儒学案》,使得《明儒学案》反映出"明室数百年学脉"。

《明儒学案》特别强调准确把握各派学术宗旨,以把握诸家学术的精髓。黄宗羲认为学者讲学贵在阐明宗旨,而评价前人学术尤其需要把握其人宗旨,否则就会像汉代张骞初次赴西域联络大月氏那样无功而返。黄宗羲同时强调在提炼学术宗旨时,要力求客观公正,不以自己的观点强加于人。因此黄宗羲对于每一个学派和每一个学者的学术思想,都尽量揭明其治学宗旨,让世人明了他们的学术精髓。他往往以质朴平实的史家笔法,从各家全集中把其思想要点钩稽出来,自然逼真地反映出传主的学术精神,使人们借助各学者的学问要旨,并借助黄宗羲的评论,看到各学派中的学者所具有的思想面貌和学术境界。例如把陈献章的治学宗旨概括为"主静""自得",把王守仁的治学宗旨概括为"慎独"等,生动地反映出了各家各派的学术宗旨且避免了面目雷同的空论。

黄宗羲以《明儒学案》为代表的学术史研究，把明代各派的学术渊源、学者传记和学术宗旨有机结合起来，构成一部系统完整的学术思想史，而此书也成为他学术成就的重要代表。

民主启蒙：为天下之大害者，君而已矣

为了辨明天下治乱之源，寻求民生根本之计，黄宗羲在其一生的社会活动和学术研究中，对于当时的政治进行了深刻的反省。他的社会启蒙思想，以批判君主专制和追求民主政治为主要特征，并大胆提出了改革社会的理想方案。他的思想已经超越了以儒家为代表的传统民本思想的藩篱，体现了具有全新意义的早期民主启蒙特色，也是其一生注重经世致用、追求实学的学术精神在政治理论形态上的体现，对当时社会和后世社会都有着重要的启蒙意义。

对君主制的批判

中国传统政治结构的基本特征是以血缘宗法关系为纽带的君主专制集权制度。在这种制度下，整个国家的统治权就集中掌握在一家一姓手中，国家和社会的统治秩序由这一家一姓扩展而来，君主是整个国家的主宰，一切权力都集中在君主及其血缘宗族系统中，臣、民必须为君主服务。黄宗羲抨击了两千年来的一姓君主制把一家一姓的大私当作天下之大公，把天下当作自己一家的私产，把维护某一家一姓的君主统治当作天经地义的原则。他主张天下为天下人的天下，而不是某一君王的天下；每个人都是这个天下的主人，人人都可以谋求自己的利益。

北京帝王庙的正殿
儒家推崇的盛世,即夏、商、周三代,但宋代思想家往往把尧、舜也包举在内。三代之治指的是尧、舜、禹、汤、文、武、周公等圣贤以王道治天下,是中国历史上的治世,其治国之道都足以成为后世典范。取法三代,便成为西汉以后历代王朝标榜的思想路线

黄宗羲从君主应为人民兴"公利"除"公害"出发,肯定了上古时代三皇五帝为民众操劳办事的崇高品德,这种人君并不是人人都能够做而争着抢着要做的,相反有些人常常不愿意做,或者不得已而为之,或者辞去天子之位。好逸恶劳是人之本性。人之常情,只有圣人才能够克服自己的惰性,以天下人为主而不辞劳苦,这样的君主受到天下人的爱戴。所以君主必须不计个人的利害得失,以天下人为主。他认为,国家是属于人民的,而不是帝王的私有财物,天下之道应该是:民是主,君主是客。

三代以后,君主由于私心泛滥,反客为主。专制君主无论在上台之前还是在登基之后,都是在祸害人民。君主将天下、人民视为个人"私

产"。他们在未当君主之时，大肆兴兵作战，荼毒天下百姓，以为这是在为子孙创业。他们在登上帝位之后，由于手中掌握了生杀予夺的大权，更是变本加厉地剥削人民，以满足"一人之淫乐"。有了以天下为私家产业的君主，社会就不得安宁。据此，黄宗羲作出结论："为天下之大害者，君而已矣！"这样对封建君主作淋漓尽致的抨击应该说是历史上是最激烈、最深刻的。

黄宗羲对君主专制下的"臣"也进行了批判。他认为，臣与君名异而实同，君臣是同事而非主仆。因此，臣应追求天下普遍的利益和百姓的根本利益，而非人君一己、一姓的私利，这也决定了臣君关系，不是从属的人格依附关系，臣非君奴。但后世的臣往往不以天下为事，而甘心以君的仆妾自居，不加辨别地满足君的各种嗜好和私欲，成为为君主奔走服役之人，这无异于宦官宫妾。若大臣一味顺应人君而忘记自己为天下的根本，就是助长人君的"私天下"。

黄宗羲还对将君臣关系等同于父子关系的说法进行了批驳，认为君臣关系是基于国家公共事务而建立的合作关系，是暂时的、后天的。而父子关系则是先天的，是不会改变的。这两者完全不同，臣对君没有绝对服从的义务，更不应该有"君要臣死，臣不得不死"的愚忠，君臣关系应该是一种诚信、和谐共存的关系。黄宗羲将君臣关系从家庭伦理所推崇的"父慈子孝"的传统观念中剥离了出来，打破了"君为臣纲"对君的无限崇仰和对臣单方面的约束。把伦理亲情与政治区分对待，这在中国历史上有着划时代的意义。

制度设计

黄宗羲不只是一个旧制度的诅咒者，他以"天下为主，君为客"为立论依据，对当时的行政制度、法律制度和政治参与制度进行了深刻剖析。他用"托古改制"的笔法，创造性地提出了一系列带有民主改良主义色彩的全新的制度理念和制度体系，这些理念和制度设计也同样闪烁着他的社会启蒙思想的光芒。

第一，黄宗羲提出了一套具有民主因素的"法治"理论。黄宗羲认为当时的法制只是有利于一家一姓，而视天下为草芥，是"一家之法"，是世上的万恶之源。因此他提出要恢复"天下之法"，即三代以上之法。"天下之法"的特点是从民众的根本利益出发，以解决民众的衣、食、教育、婚姻及生活安定问题为目的，将天下之利归于天下之人，体现了"天下为主，君为客"的原则。黄宗羲认为，"一家之法"在他生活的时代已走向了末路。在君主制度下，"一家之法"的弊端无论如何改良都无法克服，因此黄宗羲认为，以"天下之法"取代"一家之法"是拯救时弊的良药。

明太祖朱元璋画像

宰相其名先秦时已有，原指掌大权之官，后则专指辅佐皇帝、统领群臣、总揽政务者，因此历代名称不尽相同。明初，胡惟庸任丞相，专权树党。后以谋逆罪被杀。明太祖朱元璋废丞相，以内阁大学士协助皇帝处理政务

第二，设置宰相以分权共治。在黄宗羲看来，天下非一姓之天下，君主的职责就应该是为民众兴利除害，臣下是为了分担君主的职责才出来做官的。宰相在中国古代有"一人之下，万人之上"之称。明初，为了加强皇权，朱元璋废弃了宰相，黄宗羲批判了明太祖这种做法，废除了宰相等同于将支撑国家的两根柱子去掉一根，使皇帝更加独裁、专制。因此要恢复宰相制，并加重相权，使皇帝与宰相形成互相制约之势，这样才可以有效防止君主专制家天下的肆意发展。由于宰相是传贤不传子的，因此

贤明的宰相可以补救天子的不贤。宰相还可以防止宦官干政。宦官是封建君主制度的附属品，历史上宦官干政、祸及政权安危的情况虽然历代都有，但是明代的宦官为害更甚，这与罢相有着很大的关系。

第三，职官分权。黄宗羲认为君与臣不是主仆的关系，都是为治天下而设。他主张将已经集中化的权力层层分解，由丞相分君主之权，再由百官分丞相之权，进而属官分主官之权。在属官的设置上，一是在地方上设六曹，分管地方民政、军政、治安等各项权限，以免地方郡县长官任意私为。二是宰相、六部、方镇及各省巡抚，都可以自行征辟属吏，官员与属吏是雇主与雇工的关系。这些属吏一方面可以辅助官员更好地进行专项事务的处理；一方面，他们对当地的风土人情也更为熟知，可以提高工作效率。

第四，地方分权。地方分权是黄宗羲分权制度设计的又一大特色，他主张通过恢复"封建"制来实现地方的高度自治，这里的"封建"不是传统意义上的中古时代的封建，而是特指夏、商、周三代式的地方拥有高度自治权的"封邦建国"之制。具体措施就是在地方建立方镇，实行方镇自治。在黄宗羲的制度设计中方镇政府自己组织防御力量、征收税赋、任免官员，甚至允许方镇官长世袭，赋予了地方政府极大的权力。这样的设计使方镇更像是一个国中之国。他主张只在边疆等少数几个地区设置方镇，如辽东、蓟州、宣府、大同、榆林、宁夏，一方面可以充实边塞，使国家有能力抵抗外族入侵，另一方面又不致因天下遍置方镇而重蹈唐朝覆辙。

第五，黄宗羲还主张建立学校参与地方政治，发挥社会舆论制约政府权力的作用。他认为学校是体现民意的场所，学校应参与法律的制定，并监督其实行。最高学府的长官，地位应与宰相相同，并赋予其独特的职权，可以直言君主与丞相的施政得失。相应地，地方学校

北京国子监内的中心建筑辟雍

国子监是封建王朝的中央教育机构。西晋时设国子学,唐代改称国子监,相沿至清。自宋初以后,国子监逐渐发展为掌管全国学校的总机构,负责训导学生、荐送举子,又广置校舍,建阁藏书,并刻印图书

也有评议、监督、弹劾本地官府官吏的权力。在黄宗羲看来,学校是具有相对独立性的机构,当君主与宰相发生冲突时,学校可以协调二者关系进而保证国家决策的施行。这样,各级学校不仅可以防止君主与各级官吏在行使职权时侵夺民众私利,同时也为君主与大臣解决争执提供了方法途径。

小知识◎封建

"封建"是"封土建侯"的简称,这是一个非常古老的术语,意思是分封土地、设置诸侯。战国以前天子分封诸侯、

诸侯分封卿大夫之制，前人以之与秦以后的郡县制相对。天子分封诸侯，商代已开其端。周人将分封与宗法结合起来，发展为"天子建国，诸侯立家，卿置侧室，大夫有贰宗"的宝塔式等级体系。按周制，爵分公、侯、伯、子、男五等，封地有百里（公、侯）、七十里（伯）、五十里（子、男）之别。秦统一后，废封建而设郡县。汉代以下在沿袭郡县制的同时，又兼行封建，但政权归于中央，和古代封建诸侯国之制有别。

主要学术著作

黄宗羲对天文、算术、乐律、经史百家、释道等无所不通，一生著述宏富，代表作有《明儒学案》《宋元学案》《明夷待访录》《易学象数论》等，并编有《明文海》。

《明儒学案》

《明儒学案》，共62卷，成书于康熙十五年（1676）之后。首录《师说》一篇，存刘宗周论明代学术。其次分"学案"19个，以姚江（王守仁）学派为主流，上起吴与弼、陈献章、薛瑄，下至顾宪成、刘宗周，论及学者200余人。为我国首部学术思想史专著。

在编纂体例上，此书在每案之前设有概述，说明其学术渊源和学说要旨。在每一学者前先列有小传，介绍其人的生平、经历、师承，间或略作评论。随后以语录体节录其著作、言论，将其学说要旨从原著中摘录出来，对其中的偏见、分歧、相反的见解，都交由读者自作判断，偶尔作些解释分析。

此书在内容和形式上都对后世有较大影响，开学术史之先河。梁启超称:"清代学术之祖当推宗羲,所著《明儒学案》,中国自有学术史,自此始也。"

《宋元学案》

《宋元学案》,共100卷。黄宗羲始撰,仅成17卷。其子百家续修,亦未完成。全祖望以10年之力增补而成,前后历时60多年。后经黄宗羲玄孙稚圭及其子平黼与王梓材先后校订方成。

全书将宋元两代学术思想,按不同流派进行系统总结,共列举了晦翁、伊川、明道、濂溪、百源、古灵、庐陵、高平、泰山、安定等学者2700余名,分列87个学案、2个学略、2个党案。其体例与《明儒学案》基本相同,每案首先列表,列举师友弟子,以明学术渊源;次叙学者生平、著作、思想,末附逸事及评论,其书多以陆王心学为据。

此书组织细密,议论平正,很多方面超过《明儒学案》,是研究宋元学术思想的重要著作。但书中也有繁简失当、重复误记之处。

《明夷待访录》

《明夷待访录》,全书1卷,有《原君》《原臣》《原法》《置相》《学校》《财计》等21篇,据全祖望《跋》称,传本因有避忌,并非全书。"明夷"取自《周易》卦名,象征火入地中,昏主在上,明臣在下,不敢显露其明智,智能之士处于患难之中,有"箕子之明夷"句,作者借以表明自己具有箕子的品格。全书的主要内容是:反对君主专制,主张限制君权;要求以"天下之法"取代"一家之法";反对重农抑商,主张工商皆本,此书集中阐发了黄宗羲的民主主义的政治法律思想。

此书所提出的这些思想,虽然打着"三代之法"的复古旗帜,但与封建君主专制独裁是根本抵触的,因而,清乾隆年间将其列为禁书,

《明夷待访录》

《明夷待访录》原名《待访录》。成书于清康熙二年（1663），一百多年后的清嘉庆年间，才有初刻本印行。清末有顾氏《小石山房丛书》本，民国初年有上海中华书局薛凤昌《黎洲遗著汇刊》本

修《四库全书》时也将其排斥在外。但此书对晚清思想界影响极大，梁启超称此书是他学生时代"刺激青年最有力之兴奋剂"。

《易学象数论》

《易学象数论》，共6卷，24篇，约6万字，是黄宗羲的一部重要的哲学著作。此书系统地清理了历代象数学的主要著作，作了考证、订讹、辨伪乃至验算等大量工作，论及哲学、历史、天文、历法、音律等多个领域，可以说是对象数学的一次全面的总结。为清初第一部抨击《易》学异端的著作。

前三卷论《河图》、《洛书》、先天、方位、纳甲、纳音、月建、卦气、卦变、互卦、筮法、占法，附所著《原象》为内篇，全部是关于象的论述；后三卷论《太玄》、《乾凿度》、《元包》、《潜虚》、《洞极》、《洪范》数、《皇极经世》数及六壬、太乙、遁甲，为外篇，全是关于数的论辩。

此书写成后,曾由其弟子新安汪瑞龄刊刻。此书刊本不多,流传不广。

《明文海》

《明文海》,原书600卷,为黄宗羲编选。《四库提要》题482卷,已删去记晚明史事部分118卷。全书将明代文章分作28体,每体之中又列有子目。选文约4300篇,有明一代文章精华可谓尽萃于此。

早在明朝末年,钱谦益就想仿效元好问的《中州集》,至清初终于编成《列朝诗集》81卷,以诗存史,从而保存明朝文献。《明文海》的体例与《列朝诗集》相仿。黄宗羲本意在于保存有明一代典籍,为此而阅读明人文集近2000家,搜罗极富。黄宗羲除为明代保存史料和文章外,也意在扫除文坛的复古思潮和模拟剽窃之风。此书为研究明代政治、经济、文化、武备诸方面的文献渊薮,明代散失之不少文史篇章,也因之得以保存。

四 传承与交游

清初是中国古代学术史上一个较为辉煌的时期,出现了一大批包括三大儒在内的学术大家,他们通过家学、师承、交游获取知识,在学术上重视践履和考察,继承了晚明学术的合理内核。同时又根据时代特点,对晚明的学术有所发挥和创新,以救世济世为己任,试图通过学术启蒙引导和落实社会启蒙,提出了许多震古烁今的早期社会启蒙思想,促进了明清学术的转型,并通过讲学、著述等方式使他们的学术思想传承下去。

1. 家学和师承

明清之际，儒家的经世实学表现出前所未有的新动向。经世致用、学术救国，是明清之际经世实学的主要趋向，三位大儒就是在这种氛围下成长起来的。虽然三位大儒生活的环境和学术传承各不相同，但有个共同的特点就是受家庭的影响较大，三大儒中王夫之和顾炎武可以说无所师承，黄宗羲在蒙父难投入刘宗周门下之前也主要跟随父亲进行学习，可以说家学为三位大儒的成才奠定了坚实的基础。

顾炎武的家学和师承

顾炎武推崇经世致用之学与家学传统有着很大的关联。昆山顾氏原是江东望族，顾炎武的太高祖顾鉴任刑科给事中。其子顾济即顾炎武的高祖为明代有名的谏臣，正德十二年（1517）进士，也官至刑科给事中，明武宗和明世宗的两朝《实录》中都记录有他的奏疏。顾济的弟弟顾榛担任工科给事中。顾炎武曾祖顾章志，嘉靖三十二年（1553）进士，官至南京兵部右侍郎，善于处理政务，有很强的行政能力。明代的给事中、兵部侍郎等职俗称"文法吏",这类官员有别于一般清谈心性的士大夫,善于处理现实中的政务问题。而顾炎武先祖中出任这一职位的就有很多人。这也形成了顾氏家族的传统,即富有处理实际事务的能力,在筹划行政、律令等方面很精通,法律、财赋、兵事,也成为顾氏家学中的重要内容。

顾炎武出生后即被过继到堂叔家,由嗣祖顾绍芾抚养。顾绍芾一生游览了很多地方,不仅擅长诗文书法,熟悉典故,并且对现实生活颇为关注。在读书时,他总会详细地标记下书中涉及的重要战略地形和兵法,有着阅读和摘录邸报的习惯,并坚持亲手用蝇头小楷摘录重要时政信息,顾炎武深受嗣祖影响,自小就好读书,并不局限于科举

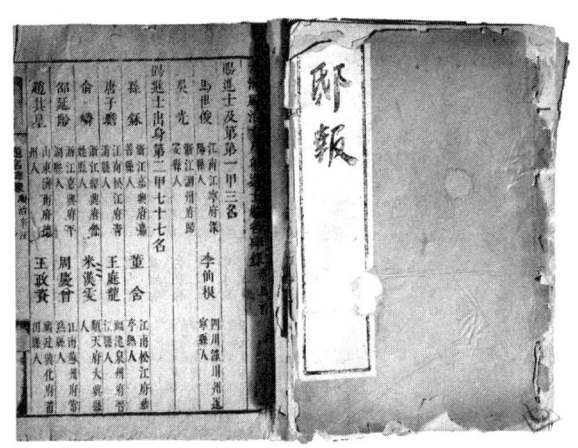

邸报

邸报又称朝报,是中国古代官府用以传知朝政的文书抄本和政治情报,内容以皇帝谕旨、皇室动态、朝廷的法令、大臣的题奏、中枢的奖罚任免事项等为主,颇具报纸的性质,又称"朝报""条报"等。最早的邸报可追溯到唐代开元年间,明崇祯年间开始有活字版印本

考试要求的四书五经，他还阅读了大量的史书、兵书。顾绍芾还将自己摘录的邸报给顾炎武阅读，使其熟悉本朝的政务。

另一位对顾炎武影响至深的人，是他的嗣母王氏。王氏是曾任太仆寺卿的王宇的孙女，她以16岁未嫁守节之身入顾家，后清军南下，绝食而亡，以身殉国，事迹被收录到《明史·烈女传》中。王氏受过很好的教育，尤其喜欢看《史记》《资治通鉴》之类的史书，顾炎武6岁的时候，她就教顾炎武读书写字，并常常给他讲一些历史上忠臣志士的故事。

顾炎武的家庭教育不仅使他在少年时代便奠定了坚实的学术基础，嗣祖和嗣母对他的忠烈教育也使他终身不能忘怀前朝，严守立身出处，而经世致用的家学传统也要求他在异族统治之下应该有所作为，这些都直接影响了顾炎武的学术道路和学术思想。

王夫之的家学和师承

王夫之的先祖王仲一在元末明初参加了朱元璋的农民起义军，因为军功封青州左卫正千户。朱元璋死后王仲一之子王成又参加靖难之役，因军功而任衡州卫指挥佥事，此后世代袭职。从王夫之的高祖王宁起，开始由武转文，曾祖王雍做过武冈训导和江西南城县教谕等学官。祖父王惟敬、父亲王朝聘都是当地有名的读书人。

尤其是王夫之的父亲王朝聘早年受业于大学者伍定相、邹泗山，学习天文、数理、财赋、兵法等实学。王朝聘曾于天启年间两中副榜，本来有机会做官，但是当他知道需要行贿才能当官时，便愤然撕碎吏部文牒，踏上返乡的路途，从此绝意仕进。王夫之对父亲的学术思想渊源领悟很深，父亲的秉持耿介节操和崇尚真知实践等品格都在他身上得到了延续。

王夫之的叔父王廷聘是著名的书法家，工行草书，更长于文学，曾作诗数百首。王夫之16岁从其学诗，颇受影响。王夫之的长兄王介之也是一位饱学之士。他比王夫之大12岁，是王夫之知识教养的启蒙者和人格成长的领路人，两人志趣相投，再加上手足情深，所以二人为人处世互相砥砺，很有默契。

王夫之的家庭有做学问的传统，无论父辈或兄辈都是有成就的学者或者在学问与文章方面有很深的造诣。王夫之就是在这样一个环境中成长的，他7岁已从长兄读完"十三经"，14岁时，父亲王朝聘开始向他传授经义，后来他跟随叔父王廷聘读史。王夫之一生的志行，都是在此基础上得以展开的。

黄宗羲的家学和师承

黄宗羲出生在余姚竹桥黄家，相传为汉代循吏黄霸之后。黄宗羲的祖父黄日中十分重视经学，黄宗羲的父亲黄尊素是东林学派重要的代表人物，不仅精通经史之学，而且倡导经世济民，学问与社会紧密联系，他还对明史十分留意，著有多部关于明史的著作。在黄尊素被逮捕之前，他仍然提醒黄宗羲不要忘记读记载明代洪武至嘉靖间名人事迹的《献征录》，黄宗羲之所以有坚实的史学基础，后来在学术上也偏重于史学，受父亲的影响很大。

黄尊素不仅对经史之学十分精通，他还广征博览，力主经世致用之实学，并不局限于科举考试的四书五经，提出"以开物成务为学，视天下之安危为安危"的治学主张。黄宗羲自幼就接受这种家学思想的熏陶，这也是后来黄宗羲致力于科学研究的又一重要根源。

对于黄宗羲的学术发展影响最大的还是他的老师刘宗周。黄尊素被逮捕之际,被革职在家的刘宗周为黄尊素饯行,于是黄尊素命黄宗羲跟随刘宗周学习。黄宗羲于崇祯元年(1628)叩拜刘宗周为师,并邀请吴越名士60人汇集在刘宗周门下,当时,刘宗周为救王学之弊而讲学于山阴的蕺山书院,一时从游者称蕺山学派,该派思想宗旨已基本脱离心学影响,转向了经世致用之学,开清代汉学的先风,对黄宗羲后来的学术取向影响很大。

2. 同辈交游

无论是政治制度还是经济、文化实力,晚明都达到了空前的繁盛状态,士大夫之间的联系紧密,尤其是文人之间结社盛行,对明代社会,尤其是政治方面产生了巨大而深远的影响。三大儒也不例外,结社和同辈好友的交流、切磋学问,对他们思想的形成和发展起着较大的推动作用。

顾炎武的交游

顾炎武一生广泛结交天下志同道合的好友,这些好友不限地域与年龄,只要志趣相投,顾炎武皆可倾心与之交往。

与顾炎武交往时间最长的当数归庄,归庄和顾炎武不仅同岁、同为昆山人,又同为复社及"惊隐诗社"成员,双方交往长达40年,当时便有"归奇顾怪"之称。二人早在青年时代,出于共同的兴趣爱好,并以气节相砥砺,结下了深厚的友谊。清军入关后,顾炎武与归庄同在昆山参加抗清起义。起义失败后,顾炎武奉母避居常熟,随后归庄也来此地居住。此后,两人一起秘密从事抗清活动。顺治十二年(1655),顾炎武因杀仆人陆恩而被同乡叶方恒讼诉,又多亏归庄的大力营救才能出狱。此后,顾炎武为保全自身,离开家乡北游,此后再也没有南还,两人一直保持书信的往来,直到康熙十二年(1673)归庄卒,顾炎武时在山东,设祭于章丘桑家庄,并作《哭归高士》诗四首。

除了归庄外,顾炎武的朋友遍天下。顾炎武早年生活的晚明是结社活动比较活跃的时期,他广泛参与当时颇为流行的结社活动,他在18岁的时候参加素有"小东林"之称的复社,结识了众多的文人学士、豪杰友人,诸如陈子龙、方以智、钱谦益、冒襄等。这些朋友多崇尚气节、以天下为己任,对顾炎武学术思想以及性格气节等方面产生了重大影响。顺治十二年(1655)后,顾炎武向北游历,绝大部分时间游走于山东、河北、河南、山西、陕西诸地。在这期间,顾炎武结识了张尔岐、徐夜、程先贞、颜光敏、李因笃、傅山、王弘撰、李颙、朱彝尊、孙奇逢等众多好友,这些好友多为明代遗民,有着相似的家庭变故与人生遭遇,怀有故国之思而不与清廷合作。顾炎武与他们倾心交流、切磋学问、共同游历、相互惦念,成为彼此的良师益友。顾炎武的很多著作都得益于这些朋友的指正和帮助。

王夫之的交游

青年时期的王夫之身处晚明这个结社异常活跃的时期,结社也是王夫之青少年时期的一项重要活动,对他的后半生也有较大的影响。

崇祯十一年(1638),王夫之游学时参加了好友邝鹏升组织的"行社",他们聚会时,讨论诗文,观点相投。崇祯十二年(1639),王夫之在衡州又与好友郭凤跹、管嗣裘等共同组织"匡社",以彰显匡扶社稷之志,其中郭凤跹是王夫之父亲的学生,管嗣裘后曾经与王夫之共同举行过反清的武装起义,并共事永历政权。除此之外,青年时期的王夫之还有一些过从甚密的好友,他们诗文往来,砥砺学问名节,除了郭凤跹、管嗣裘和王介之、王夫之兄弟外,还有李国相、邹统鲁、包世美,这七人当时人称"七节士",王夫之在和他们结社和交友的活动中,迈出了走向社会的第一步。

清军入关后,推行"剃发令",王夫之和他的好友们坚持民族气节,反对剃发。王夫之与好友夏汝弼、管嗣裘等组织抗清的武装斗争,但由于缺乏经费、力量对比悬殊等原因最终失败。之后王夫之两度投身永历政权,结交抗清志士,包括堵胤锡、章旷、瞿式耜、方以智等,这其中既有身居高位的重臣前辈,也有在学术思想上互相影响的学术同辈。如王夫之和方以智,他们不仅在抗清上有共同的志向,王夫之还十分赞赏方以智在吸收西方传教士传来的科学基础上提出的具有近代实证学和方法内容的"质测之学",这都对他以后的学术思想产生了不小的影响。

此后王夫之归隐衡阳,以讲学著述为务,这一时期王夫之的交往好友主要有刘近鲁等人,刘近鲁曾就学于王朝聘门下,家有藏书6000卷,王夫之常去借阅,并曾在刘近鲁家开馆授徒,又与其结为姻亲。方以智在南明亡后遁入空门,这一时期的王夫之与他书信往来不断,他们在学问上相互切磋,颇有会心。

黄宗羲的交游

受包括父亲黄尊素在内的东林党人既讲学又议政的那种济世情怀

的影响,黄宗羲早年也积极参加党社运动,崇祯三年(1630),21岁的黄宗羲应试于南京,参与了张溥等人在南京召开的复社第三次大会。后来黄宗羲又参加了另外一个文人社团文昌社,复社和文昌社的活动及其订交的友人的思想影响了黄宗羲的一生,比如张溥、张采、陈子龙等人复古讲学的主张。还有黄宗羲早年特别重要的好友沈寿民和陆符对黄宗羲影响也很大。沈寿民留心"佐王之道",有济世情怀;而陆符不喜科举,治学汉宋兼采,没有媚俗的姿态,也有一种以天下为己任的抱负。这些好友都对黄宗羲后来从事经史之学有一定影响。

明亡后,黄宗羲从事抗清斗争,直到康熙元年(1662),永历帝被杀于云南,此后复明无望,黄宗羲开始专心讲学,从事学术活动,恢复越城的证人书院,创立甬上证人讲会,与当时的名流时俊交往,这其中比较著名的是吕留良、万泰、李杲堂等。吕留良是当时著名的学者,黄宗羲和吕留良由于共同的政治思想,而结成了莫逆之交。在结交的头几年,他们志趣相投、感情相通,度过了一段不寻常的岁月,

吕留良

吕留良,字用晦,号晚村,浙江崇德(今浙江桐乡)人。顺治时曾应试为诸生。与黄宗羲等交往,后反对清朝统治,家居授徒,拒应博学鸿词科的荐举。削发为僧,名耐可。治理学,自命承二程、朱熹道统,主张恢复井田封建。雍正时,因曾静案,被剖棺戮尸,阖家被抄斩,著述被焚毁,但仍流传于民间

但后来由于学术观点的分歧而导致友谊破裂。万泰也是刘宗周的学生，入清服道士服，隐居不出仕，曾以计助黄宗羲弟宗炎出狱，又令其子斯大、斯同等跟从黄宗羲学习。李杲堂也和黄宗羲是患难之交，也是当时宁波文坛的领袖，黄宗羲在宁波主持证人讲会的时候，他也经常参加。

小知识◎浙东学派

清代浙江之宁波、绍兴、台州、温州等地，统称浙东。浙东学派包括清初的黄宗羲，上承刘宗周，下启万斯大、万斯同；还包括鄞县全祖望、会稽章学诚等人在内，以史学为主。该学派皆以经学为根底，以史学为经世之具，主张治学先穷经而求证于史，并提出"六经皆史"等命题，倡导一种注重研究史料和通经致用的风气。该学派在历史编纂、史论和史料学方面，均作出了重要贡献。主要著作有《明儒学案》《宋元学案》《鲒埼亭集》《文史通义》等。

3. 弟子传承

三大儒开有清一代学术之风气,其学问气象博大。但迫于当时的社会政治环境,除了黄宗羲外,顾炎武和王夫之的弟子都不多。他们的弟子,在为学宗旨上大都能领会其师的用意,在具体的学术领域能传其师说并身体力行。

顾炎武的弟子

顾炎武的弟子门人中最著名的有两个:张弨和潘耒。

张弨,字力臣,号亟斋,江苏淮安山阳人。生于明熹宗天启五年(1625),卒于清康熙三十三年(1694)。一生清贫。其父张致中,为明贡生。11岁随父游大江南北。他从童年开始,在其父的教诲下,对金石考据即产生浓厚的兴趣。张弨曾受业于顾炎武,后随顾炎武居留山东多年,此后常书信往来,交流思想和研究成果。顾炎武的前半生一直奔走于抗清的活动中,直到北游之后才潜心著述。康熙六年(1667)顾炎武归至山阳,带着《音学五书》书稿到张弨家,并在此开始雕刻书版。顾炎武治学素以严谨著称，书稿虽然开雕，但仍不断修改，相当费时、费力、费资，以至于在去世之前都未曾雕刻完成。此后张弨尽毕生精力为顾炎武校勘雕刻《音学五书》，现存的张氏校刻的符山堂本《音学五书》中讹俗异体别写之字甚少，可见其文字学功底之深厚，为后世音韵学家所称道。

另外一位较好地继承了顾炎武之学术的学生是潘耒。潘耒是吴江（今江苏苏州市吴江区）人，原名栋吴，字次耕，号稼堂，晚号止止居士。潘耒的兄长潘柽章，与顾炎武是患难之交，他们是惊隐诗社的诗友，而且均以遗民自居，志同道合。但不幸的是，在潘耒17岁的时候，潘柽章受庄廷鑨明史狱牵连，为清廷所杀。此后，潘耒拜在顾炎武门下学习。在立志、治学、处世等方面顾炎武都对潘耒进行鼓励，给予悉心指导。

潘耒秉承顾炎武的经世致用的思想，宣扬顾炎武的史学见解，同时刊刻续补潘柽章的史学著作，参与纂修清代官修的《明史》。主张修史应该"搜采欲博"和"考证欲精"，认为史官应有公正的立场。顾炎武开创了清代考据之学，把学者引向经史、音韵、金石、文字等学术领域。潘耒学承顾炎武，既领会顾炎武学术宗旨，在经史之学、音韵学、金石学上均有研究，又敢于建言立说，不囿于顾炎武的兴趣和研究门类，较好地继承了顾炎武之学术。此外，顾炎武的著述多由潘耒编定校刻。

王夫之的弟子

王夫之晚年埋首著述，弟子不多，比较有成就的有王敔和唐端笏。王敔，字虎止，学者称蕉畦先生，王夫之次子，自幼就跟随王夫之学习，学问渊博。未出仕，除设馆授徒外，埋头于搜集、整理、刊刻其父亲的遗著。所居湘西草堂是其父的故宅，也是他刊刻船山著述之处，因此后人称王敔所刻为"湘西草堂刻本"。从康熙四十年（1701）到雍正初年，他前后分三次刻了十余种。对王夫之的遗著进行校勘、补正、注释、考证，所根据的是王夫之的手稿或第一次抄本，因此，他的刻本最为可靠。

唐端笏，字须竹，一字躬园，湖南衡阳人，清初诸生，生于明崇祯十二年（1639），卒于清康熙四十四年（1705）至四十五年（1706）之间。唐端笏自康熙五年（1666）与王夫之建交，至康熙三十一年（1692）王夫之逝世时止，唐王两家交谊二十余年。王船山四女许配给唐端笏的儿子唐常适为妻，故王夫之与唐端笏既是师生，又是儿女亲家。王夫之去世后，唐端笏在山中筑室，整理所学。唐端笏一生刻苦读书，精通经史，博览群书，著有《读史要言》《十三经解》等。

黄宗羲的弟子

黄宗羲在53岁那年结束抗清游侠生涯后，到其71岁结束在海宁的讲学，共18年的时间，培养了大量的人才，比较著名的有万斯同、查慎行、邵廷采等。

万斯同，字季野，学者称其石园先生，鄞县（今浙江宁波市鄞州区）人。南明鲁王监国时，被授户部主事。与兄万斯大皆为黄宗羲的弟子。万斯同博通经史，尤熟悉明朝掌故，治学重史实考据。他坚守志节，不受清朝俸禄，并以纂修一部明代历史为己任，深为黄宗羲所器重。康熙十八年（1679），开局修《明史》，他奉黄宗羲之命以布衣参史局，不署衔、不受俸，许多重大疑难问题，均由他处理审定，《明史》

稿500卷皆由其手定。其著作有《历代史表》《儒林宗派》《丧礼辨疑》《庙制折衷》等。此外，徐乾学《读礼通考》，据全祖望说也出自万斯同之手。

查慎行，海宁（今属浙江省）人。初名嗣琏，字夏重，后更名慎行，字悔余。是黄宗羲在海宁讲学时期的弟子。康熙中期举人，后得大学士陈廷敬、张玉书等奏荐，诏随入京，供职南书房。康熙四十二年（1703）特赐进士出身，改翰林院庶吉士，授编修，常伴康熙帝出游，坐其弟查嗣庭狱被捕，特赦归田。查慎行少年时期受学于黄宗羲，经义颇精，尤其精通《易经》。其著有《敬业堂集》50卷，及《陪猎笔记》《人海记》《黔中风土记》《庐山游记》等。

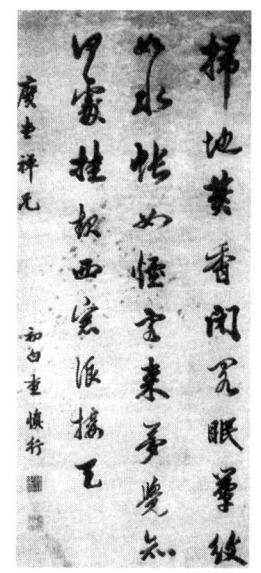

查慎行《行书七言诗》
查慎行受学于黄宗羲、钱澄之，以善诗闻名。诗多写旅途感受和自然景色，以白描见长，不尚藻饰。五七古学苏轼，近体学陆游，均能得其所长。黄宗羲比之为陆游，王士禛称之为"奇创之才"

邵廷采，字允斯，一字念鲁，余姚县城人。邵廷采成长于书香门第，9岁由祖父带至姚江书院，17岁时受学于王学大儒沈国模的弟子韩孔当。后读刘宗周《人谱》，交友于施约庵、刘子志等大儒，从黄宗羲问《乾凿度》算法及治史学，他学承阳明、蕺山之后，但极力反对明末清初王学末流的游谈虚论，为学重在经世，谈理终归致用，力倡读史以救当世之失。晚年讲学姚江书院17年，授徒著述，终老乡里。著有《宋遗民所知录》《明遗民所知录》《东南纪事》《西南纪事》等书，是浙东学派的中坚。

五 评价与地位

现在提起"明末清初三大儒",都知道是明清之际三位著名的学者顾炎武、黄宗羲和王夫之,他们学术思想的影响力至今仍然巨大。三人中,顾炎武和黄宗羲在清中叶以前已在学界身居高位成不容撼动之势,王夫之则直到清中叶之后方才为世人所推崇。

1. 时人评价

在三大儒生前和死后初期的一段时间内，黄宗羲在学术界的影响最大，顾炎武次之，而王夫之则默默无闻。

三大儒在世的时候，黄宗羲的名气最大。黄宗羲的父亲黄尊素是东林党领袖，黄宗羲从小就有文名，尤其是在19岁的时候携奏疏和铁椎上京，击伤仇人，归祭父亲之后，名声大噪，成为东林弟子的领袖。后又拜刘宗周为师。明亡后，参加反清斗争。后又在浙东宁波、绍兴、海宁、崇德一带著书讲学，学生众多，当时就誉满海内。后清廷诏征博学鸿儒，并聘其预修《明史》，他坚辞不就，名声更加远播，当时就与李颙、孙奇逢一起被誉为"国初三大儒"。

黄宗羲的学术成就也为时人所器重。黄宗羲、顾炎武、王夫之三人生前从未谋面，但顾炎武、黄宗羲之间曾有书信之交。顾炎武在给黄宗羲的信中曾对《明夷待访录》大加赞赏，称"天下之未尝无人，百王之弊可以复起，而三代之盛可以徐还也"，这是顾炎武对《明夷待访录》进行了一番研究之后做出的高度评价。另一位当时的名儒汤斌更是称赞《明儒学案》："如大禹导山导水，脉络分明，事功文章，经纬灿然,真儒林之巨海,吾党之斗杓也。"

虽然顾炎武在当时不像黄宗羲那样热衷于讲学,弟子人数也十分有限;但他后半生足迹遍天下,与当时许多著名的学者都有交往,学术造诣和品行操守都受到时人的推崇。如与顾炎武并世的考据学家、经学家阎若璩就充分肯定了顾炎武的学术地位,把顾炎武和钱谦益、黄宗羲齐名并称为"海内三大读书种子",称平生最为推重的就是这三人,可见顾炎武和黄宗羲一样在当时已经在学界占据高位。

而三人中,王夫之生前并没有顾炎武和黄宗羲那样赫赫有名,一生命运凄凉坎坷。他出生在当时比较偏僻的湖南,除了在武昌、南昌、肇庆三地短暂停留外,大半生时间都隐居山野,与当时的名学者大都没有交往。不仅生前毫无风光可言,死后很多著作也不幸散失,很长一段时间也不为人知,直到他的同乡曾国藩在同治四年(1865)刊印了《王船山遗书》,王夫之的学行才渐为世人所知。

曾国藩

曾国藩,与王夫之同为湖南人。曾国藩以功封毅勇侯,官至武英殿大学士。王夫之著书百余种,但生前其手稿刻行极少。清道光二十二年(1842),其七代孙王世全汇刻了王夫之遗著18种,名《船山遗书》,称湘潭王氏本。到同治四年(1865)湘乡曾国藩、曾国荃刻《王船山遗书》,收60种,通称金陵本

2. 后世评价

康熙后期，清廷开始大力扶植程朱理学。但从乾隆朝开始，程朱理学的统治地位逐渐被考据学所代替，而学术风气的演变，也影响了时人对顾炎武和黄宗羲的评价，王夫之在清代中期则继续不为人所知。

从乾隆开始，清廷的文网日密，为了巩固其意识形态统治，清政府大肆查禁有所谓"违碍之语"的书籍。顾炎武的著作也难逃这一厄运。顾炎武的主要著作《亭林文集》《亭林诗集》《日知录》都在禁毁之列。虽然当时官修的《四库全书总目》对顾炎武的考据学成就给予了高度的肯定，但对于其思想肆意予以抹杀和贬低。然而，对于民间学者和一部分开明的士大夫来说，顾炎武的《日知录》却是一部为他们所心仪的经典之作。道光以前，为《日知录》作注疏的学者就有94家之多，包括张尔岐、李光地、方苞、全祖望、洪亮吉、魏源等学者，几乎囊括了清中期各个学术流派的最著名的学者。尤其是其倡导的学术理念和学术方法，对乾嘉学派产生了广泛的影响，嘉庆年间，阮元任国史馆总纂，创设《儒林传》，将顾炎武列为清代学者第一人。

这一时期的黄宗羲在学术界的受重视程度则远不如顾炎武。虽然，

《四库全书》书影

在纂修《四库全书》过程中,馆臣每校定一书,都要在卷首写上一篇提要,后由纪昀等人将这些提要汇集起来,加以审改并统一分类编排,用了十年的时间始完稿,即为《四库全书总目》,介绍作者生平、内容大旨、著述渊源,考辨文字增删、篇帙分合、本书得失,评论版本及其他方面之优劣,注明本书来源

此时全祖望由于仰慕黄宗羲,撰写了《黎洲先生神道碑文》,记述了黄宗羲的生平行略,并系统评述了他的治学方法、学术著述及师友交往,还称赞《明儒学案》为"有明三百年儒林之薮也";但由于《明夷待访录》等著作,反映了黄宗羲强烈的民族思想,被列入禁书类。另外,由于黄宗羲晚年遣子黄百家及门徒万斯同同赴北京参加《明史》修撰,黄宗羲的晚节也受到后人的质疑,招致了一些人的误解。因此,在乾隆以后,原本名声最大的黄宗羲,反而逐渐为后人所遗忘。

道光以后,清廷由于内忧外患变得风雨飘摇,新的实学和经世致用的思潮再度兴起,顾炎武、黄宗羲、王夫之等明清之际经世学风的开创者的思想更加被世人所重视,他们的学术地位也直线上升。尤其是作为湖湘文化代表的王夫之,随着湖湘士人的异军突起,其著作在将近半个世纪中被广泛而持久地研究和传播,其影响也迅速扩大。三大儒的学说逐渐超越传统儒学和正统思想,在民间产生了极大影响。最终在光绪三十四年(1908),清廷决定以顾炎武、黄宗羲、王夫之三人从祀文庙,三人获得了古代读书人百年难遇的殊荣。三大家的地位也就此确定。

道光以前,顾炎武作为考据学大师为乾嘉学派所推崇,他的学术影响也主要集中在音韵和训诂等方面,但真正体现其治学精髓的《日知录》和《天下郡国利病书》并未受到格外重视。道光初年,江苏布政使贺长龄从倡议编撰《皇朝经世文编》,延请魏源专司其职,该书选录顾炎武的著述达97篇之多,居全书654位作者的首位。道光二十三年(1843),京师士大夫在顾炎武曾经寓居过的北京宣南护国寺兴建顾炎武祠堂,并按时在祠中举行祭祀,京中著名的士大夫几乎没有不参加的,祭祀活动前后延续30年。到了晚清,著名学者俞樾、李慈铭、朱一新都充分肯定顾炎武学说的经世致用的精神。此后,晚清变法志士谭嗣同、梁启超等人在阐述自己的变法主张时,都经常引证顾炎武的观点。如梁启超评价顾炎武为"清学开山之祖",清代学术"黎明运动"的"第一人",充分肯定顾炎武对宋明理学的批评和"经学即理学"说的思想解放意义。

顾炎武的思想也深刻地影响了晚清革命派学者,如章炳麟明确表明他是顾炎武学说及其遗志的继承者,以顾炎武自比。熊十力也说,他就是因为读了王夫之、顾炎武等人的著作才参加辛亥革命的。顾炎武学说成为晚清革命派学者的民族主义和民主主义学说的重要思想资源,成为推动中国社会变革和进步的精神动力。

道光以后黄宗羲的地位反而不如顾炎武和王夫之,其学说在官方和正统儒学领域没有受到重视。但他学说中的民权等先进思想被维新派关注和利用,尤其是随着近代资产阶级为维新变法寻找思想武器,黄宗羲等早期启蒙思想家的著作被陆续刊行,章炳麟高度肯定黄宗羲及其《明夷待访录》反对专制主义的伟大意义,将《明夷待访录》的

章炳麟

章炳麟,号太炎,浙江余杭(今杭州市余杭区)人。幼学儒家经典,16岁即绝科举之想。早期曾参加民主革命。晚期以讲学为业,于苏州设章氏国学讲习会。在文学、史学、语言学等方面都有贡献,培养造就了一代学者

内容阐释为近代民主思想。但是,后来随着章炳麟的政治态度由改良向革命的转变,他对黄宗羲的评价也由尊崇转为贬抑。蔡元培和刘师培等人则将黄宗羲誉为"东方卢梭"。陈天华对黄宗羲的称颂更是无以复加,将其称为孟子之后第一人。

王夫之地位的变迁则和近代湖湘文化的崛起有很大关联。乾嘉之后到晚清,湖南先后出现陶澍、魏源、曾国潘、左宗棠、胡林翼、谭嗣同等一批对中国政治、文化有较大影响的士人,有"湖南人才辈出,功业之盛,举世无出其右"的美誉。也就是从道光朝开始,王夫之的学说受到当地士绅的注意,尤其是曾国藩、曾国荃兄弟出资重刻《王船山遗书》,一时间,湖南人士以读王夫之的书为自豪。此后,王夫之的书大量刊行,使得王夫之学说风靡湖湘,进而流传全国各地。

以郭嵩焘为首的湖南籍士人还建立了船山祠,多次进行祭祀活动。清中叶以后,湖湘士人对乡贤的崇祀便主要落到了王夫之身上,如郭嵩焘认为"夫之为明举人,笃守程朱,任道甚勇";谭嗣同把王夫之推崇为"膺五百之运,发斯道之光"的一代圣哲,将其思想作为维新

变法的催化剂。王夫之从籍籍无名转而成为地位空前的大儒，实现了从山林到庙堂的巨大而迅速的位移。

戊戌维新后，王夫之思想中的华夷之辨和民族思想也成为近代民族主义的直接来源之一，成为资产阶级革命派"驱逐鞑虏，恢复中华"的思想武器，并发展成为反抗民族压迫、武装推翻清王朝的民族革命思想。如章炳麟认为王夫之是民族主义之师，唐才常则称其思想学说为"素服王船山学说"。

清朝灭亡以后，宣传科学、民主和新道德在中国思想界蔚然成风。三大儒思想中的科学精神、人道主义、民主思想，同样受到进步思想家的重视和认同。他们的唯物主义与辩证法等先进思想也得到不断的挖掘。

3. 历史地位

明末清初，中国学术界群星灿烂，大师辈出。顾炎武、王夫之、黄宗羲即为这一时期的三颗学术明星。这三大学者的家庭环境、个人生平、学术渊源、师承关系、治学旨趣、研究领域等虽存在巨大差异，但相同的社会环境和类似的亲身经历，使他们对明末的黑暗腐败有着深刻认识，对清廷入主中原给纲纪伦常与文化传统带来的巨大冲击有着深切感受。他们在投身现实斗争报效国家无望之后潜心学术研究，对政治学、史学、哲学、文学等诸多学科都有卓越的贡献和建树。

首先，生活在大明王朝覆灭、满族入主中原、社会风云激变乱世中的三大儒，他们都反对晚明空疏之风，在治学上较之以往任何时代的学者都更为讲求经世致用，强调实践和实用的哲学。为了改变国家民族的命运，他们的治学紧紧围绕与国计民生有关的现实问题。他们的经世致用思想中所体现的爱国意识是与崇高的民族气节紧密联系在一起的，对维护中国文化传统，反抗外族压迫有着重要意义。

他们在思想政治方面则都提出了具有民主启蒙性质的改革理想，对封建制度进行了尖锐的批判，是中国早期民主启蒙时代最伟大的思

清末长沙时务学堂的教习
左二是谭嗣同,右二是唐才常,时称"浏阳二杰"。长沙时务学堂由谭嗣同等维新人士于1897年创办。谭嗣同猛烈抨击了君主专制制度和清王朝的统治,对封建纲常伦理进行了批判,其思想之激进和深刻,达到了同时代的最高水平,他受王夫之影响很大

想家。虽然由于时代的局限与自身处境,他们的某些思想和理论并不严密,也缺少实践性,但瑕不掩瑜,他们无与伦比的价值观念和站在时代前列的启蒙精神,当被视为中国古代思想宝库中无价的精神瑰宝,也无愧于伟大的思想家这一称号。

在科学思想方面,他们则建立了兼容并包的科学观念,三位大儒尤其是顾炎武和黄宗羲不仅重视经史之学,而且还重视地理、历算等自然科学的研究,在一定程度上体现了当时先进的社会意识和超前的时代精神,不仅在明清之际影响很大,有些观点与理念至今仍具有现实意义。

小知识◎文庙配享

文庙中除以孔子作为主祭对象外,经过朝廷批准的历代儒家圣贤也能以从祀的身份进入文庙,接受后人的祭拜,从而彰显国家对孔子、儒学的尊崇。依照与孔子关系的远近和对儒学发展贡献的大小,文庙从祀可分为"配享""配祀""从祀"三个位阶。到了清末,从祀者共170位,包括四配、十二哲、七十八位先贤、七十六位先儒。民国八年(1919)又增先儒颜元、李塨二人,共172位。"四配"位于文庙大成殿内,"十二哲"位于文庙大成殿的东西两山,先贤和先儒的牌位被供奉在文庙大成殿前的东西两庑内。

图书在版编目（CIP）数据

明代遗民：顾炎武　王夫之　黄宗羲/孙庆著.— 郑州：中州古籍出版社，2015.4
（华夏文库）
ISBN 978-7-5348-5260-2

Ⅰ.①明… Ⅱ.①孙… Ⅲ.①顾炎武（1613~1682）-生平事迹 ②王夫之（1619~1692）-生平事迹 ③黄宗羲（1610~1695）-生平事迹 Ⅳ.①B249.1 ②B249.2 ③B249.3

中国版本图书馆CIP数据核字（2015）第060994号

华夏文库·儒学书系
明代遗民：顾炎武　王夫之　黄宗羲

总 策 划　耿相新　郭孟良
项目统筹　单占生　萧　红（执行）
责任编辑　卢欣欣
责任校对　李接力
美术编辑　曾晶晶
版式设计　曾晶晶
封面设计　新海岸设计中心
责任印制　刘新毅

出　　版	中州古籍出版社
	地址：河南省郑州市经五路66号
	邮编：450002
	电话：0371-65788693
经　　销	新华书店
印　　刷	河南新华印刷集团有限公司
版　　次	2015年4月第1版
印　　次	2015年4月第1次印刷
开　　本	960毫米×640毫米　1/16
印　　张	8.25印张
字　　数	100千字
印　　数	1—3000册
定　　价	21.50元

本书如有印装质量问题，由承印厂负责调换